高校实践性课程混合式教学研究

付丹 著

河南人民出版社
·郑州·

图书在版编目（CIP）数据

高校实践性课程混合式教学研究 / 付丹著． —郑州：河南人民出版社，2024.1
ISBN 978-7-215-13344-0

Ⅰ．①高… Ⅱ．①付… Ⅲ．①高等学校-教学模式-研究-中国 Ⅳ．①G642

中国版本图书馆 CIP 数据核字（2023）第 156254 号

河南人民出版社 出版发行
（地址：郑州市郑东新区祥盛街27号 邮政编码：450016 电话：0371-65788012）
新华书店经销　　　　　　　河南大美印刷有限公司印刷
开本　710 毫米×1000 毫米　　1 / 16　　印张　11.75
字数　192 千字
2024 年 1 月第 1 版　　　　　2024 年 1 月第 1 次印刷

定价：59.80 元

作者简介

付丹，女，云南民族大学副教授，硕士生导师，国家民委高等教育教学改革研究项目"民族院校实践性课程混合式教学改革探索"负责人，云南省一流本科课程"多媒体课件设计与制作"负责人。主要从事教育技术学、远程教育学的教学和研究工作；近年来主要研究方向为混合式教学设计与实践、民族教育信息化等。

内 容 简 介

在混合式教学成为当代高等教育常态化的教学模式及实践性课程助力培养大学生创新素质的大背景下，本书对高校实践性课程的混合式教学进行了系统研究。研究内容总体脉络是实践性课程的混合式教学系统分析—混合式教学设计—混合式教学评价。其中，实践性课程的混合式教学设计包括混合式教学的总体流程设计、教学方法的混合设计、教学手段的混合设计、教学策略的混合设计以及对教学设计的实践和效果考察。

此外，在实践性课程的混合式教学设计研究中，本书对混合式教学中的交互问题以及由深入交互而进一步形成的混合式学习共同体也进行了研究。

前　言

当前数字化、智能化社会为教育信息化提供了大量的现实条件，同时也提出了进一步深化教育信息化改革的要求。高等教育处于教育信息化改革研究和实践的高地，肩负着培养一流的、创新型人才的使命。高校实践性课程的有效实施，是实现提升学生实践能力、创新思维能力等培养目标的重要途径之一。目前在线学习和混合式学习已经成为大学生习以为常的学习方式，关于在线学习和混合式学习的研究在学界已有一些重要的研究成果。然而，实践性课程混合式教学的开展仍面临亟待解决的问题。如实践性课程由于较为注重学生的实际体验与反思，具有很强的实操性，所以存在着较难以在线上开展教学的问题。混合式教学也存在着线上、线下如何衔接的问题，教学方法、教学手段、教学策略等如何进行混合式设计以及混合式教学评价如何开展的问题。

本书以教育学、教育心理学、远程教育学、教学系统设计、教育评价学等相关理论和方法为基础，基于实践性课程的特点和参与实践性课程混合式学习的学生的特点，探讨高等教育中实践性课程混合式教学系统的分析、设计、实施和评价问题，研究实践性课程的混合式教学现象和规律，力图为高校实践性课程混合式教学的有效开展、深化高等教育信息化改革提供有益的参考。本书以实践性课程混合式教学的教学分析、教学设计、教学实施和教学评价为主线来构建，具体分为以下几个部分：

第一章首先厘清了"混合式教学"及"混合式教学系统"的概念，进而详细分析了混合式教学系统的要素：教师、学生、混合式教学资源、混合式教学环境。对于这些概念的理解和掌握，是下一步进行混合式教学系统设计的基础。

第二章对高校实践性课程的混合式教学模式进行了总体设计，在此基础上对具体的混合式教学设计进行了系统分析、设计和效果检验。其中，教学设计分别从混合式教学中教学方法、教学手段、教学策略的混合设计进行论述并提供案例。

第三章着重研究实践性课程混合式教学设计中的交互问题，从交互主体、交互方向、交互媒介特性、交互空间特性、交互时间特性五个方面分析，进行了基于教学内容及教学活动的混合式教学中的交互方式设计。

第四章进一步探讨由人际交互形成的混合式学习共同体问题，以混合式学习共同体中的"网络学习共同体"为重点，用社会网络分析法，借助UCINET软件进行数据分析，考察网络学习共同体基本特征以及量性描述问题，以深入了解学习共同体中的人际交互的深度和规律。利用问卷调查法及社会网络分析法，分析混合式学习共同体形成的主观因素、客观因素、关系因素，提出混合式学习共同体构建的策略。第二至四章的内容总体上是研究实践性课程的混合式教学设计和实施问题的。

第五章论述了实践性课程混合式教学评价的原则、特点和一般方法，介绍了实践性课程混合式教学评价的过程和方法，包括评价方式设计、评价标准制定、评价数据获取、课程成绩综合评定几个部分。

在本书编写中，作者借鉴、参考了国内外同类研究资料，得到单位领导和同事的大力支持，谨此一并致谢！

对于书中的不足之处，敬请广大读者和高校专家教授不吝批评指正，以便不断修订完善。

作 者

2022 年 10 月

目 录

绪 论 ……………………………………………………………… 1

第一章　混合式教学系统 …………………………………………… 10
　　第一节　混合式教学系统相关概念 …………………………… 10
　　第二节　混合式教学系统的要素 ……………………………… 15
　　第三节　高校实践性课程混合式教学实施的条件 …………… 43
　　本章小结 ………………………………………………………… 46

第二章　高校实践性课程混合式教学设计 ………………………… 47
　　第一节　实践性课程混合式教学总体流程设计 ……………… 47
　　第二节　高校实践性课程混合式教学设计 …………………… 64
　　第三节　实践性课程混合式教学设计的效果考察 …………… 89
　　本章小结 ………………………………………………………… 97

第三章　高校实践性课程混合式教学中的交互 …………………… 98
　　第一节　教学交互相关概念 …………………………………… 98
　　第二节　实践性课程混合式教学中的交互方式设计 ………… 104
　　本章小结 ………………………………………………………… 112

第四章　实践性课程混合式学习共同体 …………………………… 113
　　第一节　混合式学习共同体相关概念 ………………………… 113

第二节　网络学习共同体的量性描述……………………………… 117
　　第三节　混合式学习共同体形成的影响因素………………………… 129
　　第四节　混合式学习共同体构建的策略………………………………… 137
　　本章小结………………………………………………………………… 142

第五章　高校实践性课程混合式教学评价……………………………… 143
　　第一节　教学评价的概念……………………………………………… 143
　　第二节　实践性课程混合式教学评价………………………………… 147
　　第三节　实践性课程混合式教学评价的过程………………………… 156
　　本章小结………………………………………………………………… 166

参考文献……………………………………………………………………… 167

附录
　　附录1　"多媒体课件设计与制作"混合式教学下学生情况调查问卷 … 172
　　附录2　Sakai网站平台主题讨论参与者情况调查问卷 …………… 176

绪　论

一、研究的背景

(一) 在线教学及混合式教学成为当代高等教育中的常态

当前,随着计算机软硬件技术的长足发展,人们已经进入了一个以"数字化""智能化"为特征的社会,教育信息化改革也随之深化。《中国"十四五"规划和二〇三五年远景目标纲要》中明确提出"推动社会化高质量在线课程资源纳入公共教学体系",从国家政策层面将在线教育提到前所未有的高度。相应地,很多高等院校也对学生"纯在线学习"的学分、"混合式学习"的学分给予认可,并采取各种措施鼓励教师开发优质的网络课程,开展网络在线教育。2019年末突发的"新冠"疫情,推动了全世界的大、中、小学线上教学以及线上线下混合式教学的开展,线上教学(包括直播教学和点播学习)成了阻止校园里大量人员聚集而导致"新冠"病毒传播的有效途径。高校大学生作为数字原住民,不再囿于传统面对面的课堂学习,对于在线的学习方式已经比较熟悉,对网络学习具有普遍的接受心理,在线学习和混合式学习已经成为他们学习的常见方式。由此可见,"在线教育""混合式教学"不再是理论化、半理论化的畅想,而是在实际开展了。混合式教育、在线教育、远程教育的时代已经到来。

(二) 混合式教学对高校教学改革的促进

混合式教学是将传统面对面教学与技术辅助教学进行有机结合的教学模式。随着信息技术对教育影响的不断深入,混合式教学已经成为国内外教育理论探讨和实践的热点之一,也是目前高校教学改革的重点阵地。2016年,美国《校园科技》杂志展开的一项调查显示,71%的教师在教学中混合使用了在线和面对面教学。《美国新媒体联盟地平线报告·高等教育版》(2017年、2018年、2019年)认为"混合式学习设计是未来短期内推动高等教育技术采用的关键趋势"。2021年,《美国新媒体联盟地平线报告·教与学版》认为混合式学习在高等教育领域中将被"广泛采用"。美国佛罗里达中央大学、美国州立学院和大学协会联合进行了混合式教学实践和研究,取得了一系列的经验和成果。近年来研究较多的翻转课堂实际上是一种典型的混合式教学模式。在我国高等教育领域,越来越多的高校采用由行政力量主导的、自上而下的推进策略,将混合式教学引入了校园。研究表明,这种由管理部门提供政策、项目和资金支持的过程,更能推动师生群体行为交互关系、提升教学效果[①]。

(三)大学生创新思维培养是高等教育人才培养的重要目标

时代的进步和科技的发展离不开创新和创造,各个国家的国民教育都将培养具有创造力的人才作为重点目标。在我国,《国家中长期教育改革和发展规划纲要(2010—2020)》及《中国"十四五"规划和二〇三五年远景目标纲要》都把"突出培养造就创新型科技人才"作为未来的主要任务;党的十九大报告明确指出,要坚定实施科教兴国战略、人才强国战略、创新驱动发展战略,跻身创新型国家前列。深化高等教育改革的方向之一就是打造新时代下的"金课",培养内容和教学方式要顺应时代的发展,对创造、创新给予持续的重视和关注。相应地,课程改革和教学改革也对培养学生创新素质提出了新的要求,更加重视培养学生的创新意识、创新思维和实践创新能力。大学生作为国家发展的生力军,培养其创新思维、提高其创新素质是当前高等教育领域最重要的任务之一。研究表明,混合式教学能够提高学生的创造性思维,增强其独立学习能力。

(四)实践性课程助力大学生创新素质的提高

课程体系是育人活动的指导思想,是培养目标的具体化和依托,它规定了培养目标实施的规划方案。提高大学生综合素质,尤其是创新素质的培养目标,需要依托于一系列课程的实施,尤其是实践性课程的实施。在实践性课程的实施中要注重学生的实际参与、体验与反思,通过知、情、意、行的个性化体

---

① 韩锡斌,马婧,程建钢.高校混合教学推动策略下师生群体行为关系分析[J].电化教育研究,2017(12):27-42.

验来进行创新思维的提升。实践性课程相较于理论性课程,更加重视分析问题、解决问题的素质能力。在这个过程中,实践性课程的参与者自主选择信息,对原有的知识选择运用时,结合不断的创新,实现知识的迁移,从而解决具体问题[1]。由此可见,在教师的协调与引导下,实践性课程应以学生参与操作和反思为基本学习方式,促进大学生创新精神、创新思维、创造实践能力的培养。

针对实践性课程进行线上教学和混合式教学比较难以实施的现实情况,本研究以实践性课程《多媒体课件设计与制作》为例,结合"智慧树"网络平台上的国家级一流网络课程《多媒体课件设计与制作》,开展线上线下结合的混合式教学实践,探究如何根据混合式教学的特点、实践性课程的特点、高校大学生的特点,设计并实施混合式教学,总结实践性课程混合式教学的规律,提升实践性课程混合式教学效果,促进大学生创新思维的培养。研究所依托的"多媒体课件设计与制作"课程是一门着重培养学生利用各种工具设计和制作教学软件能力的实践性课程,本研究中它是全校通选课,参与课程学习的学生分别来自不同学院、不同专业、不同年级、不同民族,这为本实践性课程的混合式教学实施和研究带来新的特点。

二、相关研究综述

(一)混合式教学设计研究

混合式教学设计研究是混合式教学研究的核心之一,以下主要从混合教学模式设计、混合教学中的交互设计来综述混合式教学设计的相关研究。

1.混合教学模式设计

首先是基于网络课程或MOOC的混合教学模式研究,如:有的研究者依据Josh Bersin混合教学设计理论,构建前期分析、混合教学设计和混合教学评价三个阶段的混合教学模式[2];有的研究者将教学模式分为面授前的在线学习、面授教学、面授后的在线学习、阶段性测试四个阶段,设计基于MOOC

---

[1]雷婷桦.体育师范生教学能力培养实践性课程开设现状研究[D].武汉:华中师范大学,2016:11-13.
[2]裴立妍.基于网络课程的混合教学模式研究[D].西安:西北大学,2013.

的混合教学模式[①]，并开展基于翻转课堂的混合教学模式和传统教学模式的教学对比研究；有的研究者基于MOOC的混合教学理念等，设计混合教学模式及实践[②]。另外，还有的研究者基于深度学习、创客式教育等教学理念，构建以实体课堂为主题、以SPOC平台为主线、融合MOOC和优质网络资源的多元融合的线上线下混合教学模式[③]。以上这些研究利用MOOC平台提供的较为成熟的在线课程以及课程的各种适宜于在线教学的模块，如课程视频、课程案例、试题、在线讨论、在线提交作业等开展混合式教学研究的现有条件进行了一般性的混合教学模式的设计和研究，有较大的参考价值。

其次，混合教学模式的研究与新兴理论及技术的融合越来越深入。在理论的融合方面，有的研究者对混合式教学分课前、课中及课后三个阶段，构建面向深度学习的"3＊3混合式学习模式"[④]；有的研究者依据内容依托式(CBI)教学理念，分析基于慕课与雨课堂的混合式教学方式在教学中的应用模式[⑤]；有的研究者将问题解决过程融入混合式学习过程中，重新设计模块化的学习内容和多元化的混合式学习活动[⑥]；有的研究者基于协作知识建构理论，将混合学习环境支持的协作知识建构分为四种类型，重点关注BLE支持的共场性协作知识建构设计[⑦]。以上的"深度学习""内容依托式教学""问题解决的学习""协作知识建构"均是教育教学领域中较为关注的教学理论或教学理念，在教学中，对这些理论与混合式教学模式研究的融合能够更有效地提

[①] 蒋翀,费洪晓.基于MOOC的混合教学模式设计与应用研究[J].高等理科教育,2015(03):120-125.

[②] 付检新,邬帅,赵宇.基于慕课的混合教学模式设计与实践[J].职教通讯,2016(15):43-45.

[③] 李淑芳.多元融合的线上线下混合教学模式构建及应用[J].西北成人教育学院学报,2019(01):85-91+101.

[④] 黄志芳,周瑞婕,赵呈领,万力勇.面向深度学习的混合式学习模式设计及实证研究[J].中国电化教育,2019(11):120-128.

[⑤] 陈曦蓉.基于CBI教学理念的混合式教学模式探析：以"商务英语"课程教学为例[J].中国电化教育,2019(12):129-134.

[⑥] 多召军,赵蔚,李玉斌,任永功.问题解决学习视角下基于网络学习空间的混合式学习设计[J].电化教育研究,2018,39(02):32-38.

[⑦] 童慧.混合学习环境支持的共场性协作知识建构行为模式研究[J].电化教育研究,2017,38(11):56-62.

升混合式教学效果。在技术的融合方面,现有的研究有"电子书包"技术,如有研究者提出基于电子书包的主题探究式、翻转课堂式、互动教学式等混合教学模式[1];还有虚拟现实(Virtual Reality)技术和增强现实(Augmented Reality)技术,如利用该技术进行教学导航路径、课程交互体验和 VR 虚拟空间设计等内容的研究[2]。这些新兴技术与混合式教学结合的研究,为技术与教学的深度整合提供了理论和实践基础。

再次,基于不同学科课程特点开展的混合式教学模式设计研究。涉及的课程有不同的学科领域,如高校体育教学混合学习模式设计[3]、汉语综合课的混合学习模式中的循环模式及其子模式[4]。另外,还有各种实践性课程,如"程序设计""图像处理课""机械设计""数据结构""实用英语""药物化学""男装设计与制作"等课程的混合教学模式研究。由此可见,混合教学模式研究的课程大都在高等教育领域,而且在不同学科、不同领域的研究较为广泛,这也从侧面说明了混合式教学越来越被高等院校关注和认可。

(三)混合式教学实践研究

理论研究成果一般来源于教学实践,以上所述的大部分混合式教学理论研究成果,也是基于混合式教学实践而总结得出。如前所述,无论国外还是国内,高等教育阶段还是基础教育阶段,在线教学、混合式教学已经成为比较普遍的教学形式,越来越受到教育机构、家长、学生的认可和支持。除了传统的课堂教育与网络在线教育的混合实践,还有研究者探究"线上课程和工作室制度的混合式教学实践"[5],试图达到知识迁移的目的,实现真正意义上的"线上线下、课内课外"混合,该研究也不失为混合式教学实践的新型探索。另外,研

---

[1] 樊敏生,武法提,王瑜.基于电子书包的混合学习模式研究[J].中国电化教育,2017(10):109-117.

[2] 李小平,张琳,赵丰年,陈建珍,许梦幻.虚拟现实/增强现实下混合形态教学设计研究[J].电化教育研究,2017,38(07):20-25+50.

[3] 肖尔盾."互联网+"背景下高校体育教学混合学习模式探索[J].中国电化教育,2017(10):123-129.

[4] 袁萍.基于混合学习的汉语综合课教学模式设计[J].现代教育技术,2016,26(03):40-45.

[5] 王建明,陈仕品.基于线上课程和工作室制度的混合式教学实践研究[J].中国电化教育,2018(03):107-114+139.

究者们还进行了基于大学与中小学协作伙伴关系（University-School Partnership)的混合式课例研究①，为大学与中小学之间开展持续深入的课例研究提供了更多创新实践的途径和方式。

(四)混合式教学评价研究

首先是混合式教学评价的理论研究。如学者李逢庆等进行了混合式教学质量评价体系的构建②，该评价体系包括过程性评价(课前、课堂、课后)和终结性评价(期末)，评价指标包括学生活跃度、视频观看次数、观看时长、发回帖次数、在线学习测验、课堂表现、协作学习成果、成果展示效果、团队贡献度、小组总结汇报、课程考核测验，并各自赋予权重。"基于 SPOC 的混合式教学模式的教学评价方式研究"③从环境因子、学习因子、教学因子三个方面分别构建了一级和二级评价指标，对基于 SPOC 的混合式教学的教学评价进行了研究。以上混合式教学评价指标体系研究的成果为本研究中的混合式教学效果评价提供了良好的基础。

其次是混合式教学评价的实践。有研究者从学生学习的角度，基于学生特点进行混合学习效果研究④，分析学生特点(背景)、设计特点与学习结果之间的关系，评估混合式学习的效果。结果显示，部分学生特点(背景)、设计特点是混合式学习中学生学习结果的显著预测因子。学者于洪涛的一项关于混合式教学效果的研究，以某高校 103 门参与混合式教学改革课程为研究对象对混合式教学改革效果进行评价，结果表明，混合式教学改革提高了学生的学习兴趣和能力，但是该校混合式教学改革还存在线上学习教学资源建设不均

---

①汪晓凤,余胜泉,陈玲.技术支持环境下基于 USP 的混合式课例研究[J].中国电化教育,2018(03):97-102.

②李逢庆,韩晓玲.混合式教学质量评价体系的构建与实践[J].中国电化教育,2017(11):108-113.

③刘智勇,陈婵娟,章文林.基于 SPOC 的混合式教学模式的教学评价方式研究[J].教育现代化,2017,4(13):99-100+127.

④Kintu, et al. Blended learning effectiveness: the relationship between student characteristics, design features and outcomes [J]. International Journal of Educational Technology in Higher Education, 2017 (14):1-20.

衡、部分课程还处于混合教学初级阶段、混合式教学设计能力有待加强等问题[1]。

关于混合式教学,从教学模式、教学流程、教学系统设计、教学效果评价再到具体的师生行为研究,都已被研究者关注。然而,混合学习还存在四个挑战[2]:混合的灵活性(incorporating flexibility)、刺激交互(stimulating interaction)、促进学习过程(facilitating students' learning processes)、创建情感学习氛围(fostering an affective learning climate)。这些都是需要进一步深入研究的主题。

本书研究以实践性课程"多媒体课件设计与制作"为例,以"智慧树"网络平台上的相关课程资源为依托,探究高校实践性课程混合式教学的混合式教学系统分析、混合式教学的总体流程设计、实践性课程的具体教学设计与实施、混合式同伴互评设计与实施、混合式教学交互设计、混合式学习共同体的构建、混合式教学的评价等一系列的问题,总结实践性课程的混合式教学现象和规律,以促进高校实践性课程混合式教学的实施效果。

此外,研究实践性课程混合式教学(学习)方式,以设计、制作计算机作品为任务驱动,激发大学生对混合学习的学习兴趣,培养混合学习策略,提升高校学生的创新思维能力。

三、研究的内容

(一)混合式教学系统分析

对混合式教学系统进行分析是高校实践性课程混合式教学设计的前提。该部分的研究包括如下内容:分析混合式教学系统的相关概念,如"混合式学习"与"混合式教学"的概念辨析,混合式教学的内涵和本质探讨;混合式教学系统的构成要素分析,包括教师(角色、特点、素养)、学生(学习心理、学习能力、学习策略、学习行为)、混合式教学资源、混合式教学环境(物理环境和心理环境);高校实践性课程混合式教学实施的条件(专业培养方案、资源支持、教

---

[1] 于洪涛.高等学校混合式教学改革效果评价案例研究:以内蒙古民族大学为例[J].中国电化教育,2017(11):129-133.

[2] Boelens R et al. Four key challenges to the design of blended learning: a systematic literature review[J]. Educational Research Review,2017(22):1-18.

师素质、学生素质)。在把握和界定混合式教学中实践性课程的核心概念,深入系统地分析混合式教学系统的要素和实施条件的基础上,进行下一步的实践性课程的混合式教学设计。

(二)高校实践性课程混合式教学设计

1. 实践性课程混合式教学总体流程设计

根据高校学生的特点、实践性课程的特殊性以及混合式教学的特点,对混合式教学实施之前、之中和之后教师应实施的各个步骤进行设计,如:在混合式教学实施之前,应确保技术资源的支持、教学计划和教学大纲等文档的完善等;教学实施中,确保学生了解混合学习的流程和要求,参与线上和线下的交互,使学生执行已建立的教学程序,定期从学生那里获取反馈,撰写运行日志等;教学实施之后,根据学生反馈信息,进行教学过程的调整和完善。以实践性课程"多媒体课件设计与制作"为例,提供实践性课程混合式教学日历、教学计划(包括线上线下教学的分配,作业的内容、提交形式、提交时限,线上或线下讨论的安排等)的案例及分析。

2. 实践性课程混合式教学设计

以实践性课程"多媒体课件设计与制作"的混合式教学为例,首先进行教学系统分析,包括教学目标分析和设计(注重提升学生实际动手能力、培养其创造性)、教学内容分析和设计(与时俱进地修改教学大纲、选择教学内容)、现有的教学资源和教学环境分析,再通过问卷调查以及课堂观察,总结高校学生学习的特点。基于上述对具体的实践性课程混合式教学系统各要素分析的结果,进行混合式教学设计研究和实践,包括实践课课程教学方法的混合设计、教学手段的混合设计、教学策略的混合设计。结合教学设计案例和教学实践,分析实践性课程混合式教学设计的效果。

(三)高校实践性课程混合式教学中的交互研究

教学交互是教学过程中的重要环节,教学交互方式的设计属于教学设计的一个方面,本书将混合式教学交互研究单独设为一章,意为重点探讨混合式教学中的交互问题。在混合式教学的交互方式设计中,探究如何刺激交互,创建情感学习氛围;生生交互、师生交互、线上交互、线下交互、同步交互、异步交互等该如何组合;交互的媒介如何选择;交互的时长如何确定;等等。

(四)高校实践性课程混合式学习共同体研究

本部分的研究是对上述"混合式教学中的交互"的深化研究,目的是通过混合式学习共同体研究,更进一步地探讨混合式教学过程中的人际互动规律。包含以下研究内容:

其一,"学习共同体形成"的界定。通过定性和定量分析,说明在通过社会性软件进行学习的情况下,网络学习共同体形成的条件。研究在定性分析的基础上,通过社会网络分析软件 UCINET 6 对研究案例中网络学习共同体的网络关联度、密度、凝聚力等指标进行社会网络分析,定量考察网络学习共同体的形成。

其二,混合式学习共同体形成的影响因素分析。对已形成的混合式学习共同体成员进行一项问卷调查,获取混合式学习共同体中的属性数据,如大学生的态度意识(兴趣和动机)、信息技术应用能力、对特定社会性软件的习惯程度、交互的方式、遇到的问题、学习效果等方面的基本状况。结合这些属性数据与混合式学习共同体中学习者的交互关系数据,即网络数据,研究混合式学习共同体形成的影响因素。

其三,混合式学习共同体构建策略研究。基于上述影响网络学习共同体构建的各个因素分析,总结混合式学习共同体中的元素及其间的关系,探讨混合式学习共同体的构建策略。

(五)高校实践性课程混合式教学评价研究

研究具体内容包括:高校实践性课程混合式教学评价的原则、特点和方法,并以实践性课程"多媒体课件设计与制作"为例开展混合式教学评价,其过程包括评价方式设计、评价标准制定、评价数据的获取、课程成绩的评定,最终提供实践性课程多元的混合式的教学评价方案。

第一章 混合式教学系统

第一节 混合式教学系统相关概念

一、"混合式学习"与"混合式教学"

21世纪伊始,随着信息技术在教育领域中的应用及研究的兴起,国际教育技术界提出了"混合式学习(Blended Learning)"的概念。在英文研究文献中,与"Blended Learning(简称 B-learning)"相似的表述还有"Hybrid Learning""Mixed Learning"以及"Blending Learning",它们都表示"混合式学习"。在国内,"Blended Learning""Hybrid Learning""Mixed Learning"在很多时候被翻译为"混合式教学",下面从"教学"的含义来分析之。

关于"教学",学者们有三种不同的解释:一是把教学(teaching)看成教师向学生传授知识和技能的活动;二是把教学(instruction)看成是教师指导学生学习并引起行为变化的过程;三是把教学(teaching and learning)看成教师的教与学生的学所组成的双边活动过程[1]。前两种解释侧重于教师的教,第三种解释将教师的"教"与学生的"学"视为同一过程的两个方面,认为教与学是统一的,"教"与"学"相互依存。

国内将"Blended Learning""Hybrid Learning""Mixed Learning"翻译为

---

[1] 全国十二所重点师范大学联合编写.教育学基础(第3版)[M].北京:教育科学出版社,2014:198.

"混合式教学",可能有以下原因。首先,研究的关注点或研究视角上倾向于教师"教"这一方面,符合前两种教学含义的解释;其次,认同第三种教学含义的解释,认为学生的学习离不开教师的教或指导,因此直接将"Blended Learning""Hybrid Learning""Mixed Learning"翻译为"混合式教学";最后一种情况是研究将"混合式学习"扩展为"混合式教学",既研究教师的"教",也研究学生的"学"。

所以,在国内若不作特别的区分和说明,"混合式教学"与"混合式学习"是同一个概念。本书中在研究实践性课程混合式教学系统分析(第一章)、混合式教学系统设计(第二章)、混合式教学中的交互(第三章)、混合式教学评价(第五章)中使用的"混合式教学",意为混合式学习是"教师的教与学生的学,是双边活动的过程",从教师教学设计和教学实践的视角来开展研究。在实践性课程混合式学习共同体(第四章)研究中,使用了"混合式学习共同体",而非"混合式教学共同体",主要原因是使用了"学习共同体"的术语。学习共同体主要是学生基于学习任务构成的人际交互关系,所以该部分的研究除了关注混合式教学中师生的双边活动,更关注学生之间的交互活动。

二、混合式教学的内涵和本质

如前所述,"混合式教学"与"混合式学习"是同一个概念,下面从混合式学习的研究资料,探讨混合式教学的内涵。

混合式学习在国外首先出现于企业培训领域的研究中,并且被认为是一种学习方法(或教学方法)。如印度 NIIT 公司在《B-Learning 白皮书》(2002)中指出"混合式学习包括面对面、实时的 E-learning(即数字化或网络学习)和自定步调的学习"。该定义认为混合式学习是一种学习方法,并指出它应体现出各种"学习环境"及"学习方式"的混合。美国培训所(The training place)认为它是关于学习者如何掌握并且提高个人学习工作绩效的教学方法,并认为它是"商业与绩效目标""小组学习者共同学习最优化的学习方法""学习内容最好的个性化展示以及学习的各种方法""支持学习、培训、商业以及社会活动的各种资源"以及"最大化地提高与人接触、交流及处理社会关系能力的方法"几个方面的统一协调。该定义认为混合式学习是一种教学方法,体现出"目标""学习方法""各种资源""人际交流"的协同。

还有学者(Jennifer Hofmann,2001)认为,混合式学习是教学设计人员将一个学习过程分成许多模块,然后再去决定用最好的媒体将这些模块呈现给学习者。不同的媒体共包含着很多技术成分,如:传统的课堂或实验环境(traditional classroom or lab settings)、阅读作业(reading assignments)、光盘(CD-ROM)、绩效支持工具(performance support tools)、电话培训(tele training)、单机网络培训(stand-alone Web-based training)、异步网络培训(asynchronous Web-based training)、同步网络培训(synchronous Web-based training)[①]。从该定义来看,混合式学习是将多种"技术""媒体"及其支持下的"教学方式"进行混合。

学者 Michael Orey 更加细致地从学习者、教师、教学管理者三个角度分别描述了混合式学习,强调了三者分别从自身的角色及目的出发,对"设备""工具""技术""媒体"和"教材"几个方面的选择和使用。该定义强调的是混合式学习中合适的"技术"及"教学材料"的混合。

我国学者何克抗认为,混合式学习就是传统学习方式的优势和电子学习的优势结合,这也是国内学者普遍认同的观点。黎加厚将"Blended Learning"翻译为"融合性学习",认为它是指对所有的教学要素,如教学方法、模式、策略、媒体、技术等进行优化选择和组合,以达到教学目标。近年来,国内学界也将混合式学习称为"混合式教学模式",认为它是一种教学模式。

随着对混合式教学研究和实践的深入,有研究者将混合式教学对应的混合式学习理解为"五个适当",即在适当的时间,通过应用适当的学习技术与适当的学习风格相契合,对适当的学习者传递适当的能力[②]。这种理解是从学习者的角度出发,注重混合式教学中学习者的需求和体验,以学生的学习为中心,尽可能地优化学习效果,与"能力本位(Competency-based)"[③]混合教学模式的研究较为接近。

还有研究者对混合式教学的概念进行更细致的研究,划分为物理特性和

[①]王元彬.混合式学习的设计与应用研究[D].济南:山东师范大学,2006.
[②]黄荣怀,马丁,郑兰琴,张海森.基于混合式学习的课程设计理论[J].电化教育研究,2009(01):9-14.
[③]Trujillo Maza, et al. Blended learning supported by digital technology and competency-based medical education: a case study of the social medicine course at the Universidad de los Andes, Colombia[J]. International Journal of Educational Technology in Higher Education, 2016(13).

教学特性两个维度,技术应用阶段、技术整合阶段以及"互联网+"阶段三个阶段[①]。

在技术应用阶段(20世纪90年代末至2006年),物理维度上的主要特征是在线与面授的结合,在教学维度是信息技术的应用,主要关注技术。

在技术整合阶段(2007年至2013年),物理维度上对在线教学的比例更加明确,如混合式教学中须"30%～79%的教学是在线教学"[②]。该阶段更加注重混合式教学策略与教学方法的混合,更加关注教学交互。

在"互联网+"阶段(2013年至今),物理维度上更加注意整合各类移动技术、多媒体技术以及智能化教学环境的应用等,教学维度上注重以学生为中心的教学理念,关心学生的学习体验。该研究的两个维度中,从"物理特性"混合式教学对传统教学和在线教学的比例、技术的应用等外在特性进行分析;在"教学特性"维度上,对混合式教学的内在教学特性进行分析,较为全面。

对以上国内外学者关于混合式学习(或混合式教学)的定义进行总结可知:

第一,混合式学习(或混合式教学)本质上是一种学习(或教学)方式及学习(或教学)模式。

第二,混合式学习(或混合式教学)的内涵是在设计和实施混合式教学时,为达到预定的教学目的,对教学环境、教学媒体或技术、教学方法、教学策略等进行适当的混合。

第三,出现这种教学方式或教学模式的原因是技术的发展推动教学变革。技术在教学领域的混合运用,推动着教学理念、教学方法、教学策略、教学手段等的变革和混合使用。

由此可以看出,混合式学习(或混合式教学)是教育技术应用发展到一定阶段时出现的新型学习方式(或教学方式、教学模式)。在教学设计中,充分利用各种合适的教学媒体、教学环境、教学资源、教学方法、教学策略等,并将其

[①] 冯晓英,王瑞雪,吴怡君.国内外混合式教学研究现状述评:基于混合式教学的分析框架[J].远程教育杂志,2018,36(03):13-24.

[②] Allen I E, Seaman J, Garrett R. Blending in: The Extent and Promise of Blended Education in the United States [EB/OL]. [2018-03-26]. http://sloanconsortium.org/sites/default/files/Blending_In.pd.

适当地混合,以达到最好的教学效果。

三、关于混合式教学概念的进一步讨论

随着计算机技术、网络技术、多媒体技术、人工智能等技术的发展,前述各学者对混合式学习定义中所描述的技术、媒体、工具进行整合,目前在教育教学领域中这种技术的整合最常见的就是网络教育(或线上教学、电子教学、数字化教学等)。因此,混合式教学所表现出来的首要特征就是传统面对面课堂教学与网络教学结合起来的教学形式,即线下教学与在线教学的混合。由此也带来了混合式教学的其他特征,即相应的教学方法、教学策略、教学手段等的混合。

从宏观上看,混合式教学本质上是教学模式。教学模式是指在教学实践中形成的具有一定指导性的简约理念和可照着做的标准样式,它有其简约的理念特征,又有可照着做的实践特性[①]。因此,本研究将基于混合式教学"线上线下"混合的首要特征,设计混合式教学的总体流程(第二章第一节),以期为混合式教学模式的实践提供参考。

从微观上看,混合式教学本质上是教学方式。狭义的教学方式常常是构成教学方法运用的细节或形式;广义的教学方式包括教学方法和教学形式,甚至涉及教学内容的组合与安排[②]。可见混合式教学也体现出教师教学的个性化和创造性,所以,本书基于混合式教学"教学方法、教学策略、教学手段等的混合"的特征,将以具体的实践性课程为例,探究混合式教学方法、教学手段、教学策略(第二章第二节)、教学交互(第三章、第四章)以及教学评价(第五章)的具体设计。

四、混合式教学系统

教学系统(Instructional System)是指为了达到特定教育目的而由各组成要素通过相互联系、相互作用有机地结合起来的具有一定教学功能的整体[③]。教学系统由多个元素组成,其中主要元素称为要素,它们是保证该教学系统顺

[①] 王道俊,郭文安.教育学(第6版)[M].北京:人民教育出版社,2009(5):236-237.
[②] 王道俊,郭文安.教育学(第6版)[M].北京:人民教育出版社,2009(5):236.
[③] 何克抗,李文光编著.教育技术学(第2版)[M].北京:北京师范大学出版社,2009(4):136.

利运行不可缺少的核心部分,了解并分析教学系统的要素,是教学设计、开发、管理和评价的前提。教师、学生、教学内容、教学媒体是构成教学系统的四个核心要素[①]。

混合式教学系统也符合上述一般教学系统构成的概念框架。在本研究中,混合式教学系统的核心构成要素包括教师、学生、混合式教学资源、混合式教学环境。其中,"教学资源"包括了一般教学系统中的"教学内容""教学媒体"要素,因此其涵义更加丰富。本研究将"教学环境"也看作是混合式教学系统核心要素,体现了本书在混合式教学系统设计时重视学习的社会环境(如人际交互、混合式学习共同体)的构建。混合式教学系统的结构,如图1-1-1所示,系统中各要素的具体内容在本章第二节中详细介绍。

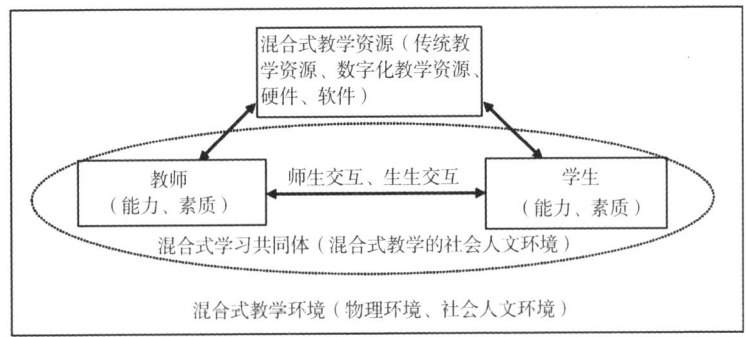

图1-1-1 混合式教学系统结构

第二节 混合式教学系统的要素

如前所述,混合式教学系统中的要素包括混合式教学中的教师、混合式教学中的学生、混合式教学资源、混合式教学环境,下面分别阐述。

一、混合式教学中的教师

(一)混合式教学中教师的角色

教师作为一种职业,其角色多种多样,从传统意义上来说,作为传道者,教

---

① 何克抗,李文光编著.教育技术学(第2版)[M].北京:北京师范大学出版社,2009(4):136-138.

师肩负"传道授业"的职责。教师不仅要将自身所学专业知识传授给学生,使学生学会和掌握各项技能,同时还要向学生传递正确的社会道德观、价值观、人生观,负有引导和示范的责任。作为解惑者,教师是社会各个行业人才的培养者,在人才培养的过程中教师需要帮助学生解决他们在学习中遇到的各种问题和困难,帮助他们启发思维,形成一定的知识体系,为自身的发展和进步奠定坚实的基础。同时,教师还具有示范者的角色,需要以身作则,成为学生的示范和榜样。除此之外,教师还应扮演管理者、研究者的角色。

在混合式教学的环境下,教师和学生的地位、作用与传统教学相比已发生很大变化,这需要教师从思想上意识到自身角色的改变。

首先,从传道者变为帮助者、促进者。由上述可知,混合式教学强调学生的体验、学习目标的达成以及学生的主体地位。学生学习的过程是自我的建构过程,每一个学生的学习需求都不同,教师应该从学生的角度出发,了解学生想学的是什么,从而为学生提供相应的帮助,成为学生学习的促进者和帮助者。但这并不否定教师的主导作用,教师仍然在学生的学习中发挥主导的作用,从单纯的知识传授者变为帮助、引导、促进学生学习的导师,其主要任务是通过帮助学生运用在线学习资源和获取课堂知识以取得更好的学习效果、拥有良好的学习体验,激发学生自主学习的热情和信心。

其次,混合式教学中的教师承担更多的管理任务。比起传统教学,混合式教学对教师提出了更高的要求,教师管理者的角色被不断地深化。传统教学中强调教师对于学生行为、课堂纪律的管理,而在混合式教学中除了以上方面的管理外,教师还需要对学生的学习过程进行管理。学生在利用计算机进行在线学习的过程中会出现各种各样的问题,例如技术上不会操作、学习目标和重难点无法把握或是自我约束力不强、注意力不集中,等等。因此,教师应该发挥好自身的主导作用,扮演好管理者的角色,在学习的不同阶段为学生提供更加有针对性的帮助。在课前准备阶段,要根据学生的需求选择适合的学习内容及在线平台,为学生学习提供指导和支持。在学习过程中除了要维护课堂秩序,还应对学生的学习进行监控和调节,以保证教学的顺利进行。这要求教师要熟练应用计算机网络教学平台,了解学生的学习情况,及时向学生做出反馈。在课后,教师应该对学生的学习成果进行评价,采用多元化的评价方式,关注学生的发展。除此之外,作为一名优秀的教师,还应该具有学术研究精神和反思精神,并且在思考者、组织者、协调者、帮助者、学习顾问等多重复杂角色中灵活转换。

(二)混合式教学中教师教学的特点、价值

目前,我国的教育主要采用以学校教育为主的应试教育模式。在这样的人才培养模式下,学生们需要在规定的时间里,进入学校固定的班级里,采用统一的教材,在相对固定的教师的指导下进行学习。在这种标准化教学过程中,教师不得不以中等水平的学生进行参照,从而开展教学设计。这样的教学安排虽然能够系统地传授知识,大规模地培养人才,但是必然会造成学生个别学习需求与教师统一教学之间的矛盾,不利于因材施教和学生个性化发展。

混合式学习把传统学习方式的优势和 E-Learning 的优势结合起来,既要发挥教师引导、启发、监控教学过程的主导作用,又要充分体现学生作为学习过程主体的主动性、积极性与创造性。随着混合式教学在我国的发展,其概念也有了新的内涵。在物理特性维度,移动技术的应用被正式纳入混合式教学的概念中。其概念由原来的"在线教学与面授教学的混合",发展为"基于移动通信设备、网络学习环境与课堂讨论相结合的教学情境",混合式教学也被重新理解为一种新的"学习体验"[①]。

混合式教学中教师教学的特点体现为一种学习理念的提升,教师的教学模式、教学策略、角色相对于传统教学来说也在发生改变。曾经的混合式教学更多是从教师视角出发,将重点放在教师如何将在线技术与传统课堂相结合,而如今越来越多的人开始意识到,混合式教学并不是简单的技术混合,而是应该"以学生为中心",从学生的个性化学习需求出发,为学生创造一个良好的、具有高度参与性的学习环境,让学生在体验中学习。为此,作为教师,应该在充分了解混合式教学的概念和内涵下,积极发挥自身的主观能动性,将在线技术与传统课堂和学习内容充分结合,以混合式教学为依托促进教育的发展。

从目前混合式学习在我国的发展来看,混合式教学对于我国教育水平的发展起到了很好的促进作用。与传统的学校教育相比,混合式教学对于学生自主学习能力、思考能力、解决问题的能力、合作探究的能力、创新能力等学习

[①] 李逢庆.混合式教学的理论基础与教学设计[J].现代教育技术,2016,26(09):18-24.

能力的培养都能够发挥一定的优势。对于教师而言,在教学方法上,混合式教学强调师生之间、学生彼此之间、学生和学习环境之间的交互作用,其教学效果直接体现在学生的合作和沟通交流能力上;在教学质量上,混合式教学运用计算机网络技术,能够很大程度地满足学生个人的学习需求,所选择的学习资源能够与时俱进地适应信息化社会的发展需求,不仅能扩大学生的知识面,还能够提高学生自主探索的能力。这些无一不是混合式教学中教师教学价值的体现。

(三)教师的混合式教学素养

在设计和实施混合式教学的过程中,教师要有相应的混合式教学素养,才能够顺利有效地开展混合式教学。以下从理论知识和实践能力两个方面论述教师的混合式教学素养。

1.混合式教学理论知识

第一,具有先进的教育理念。作为开展混合式教学的教师,首要的教学素养是具备先进的教学理念。当前,我国最重要、最核心的教育理念即是以人为本、德智体美劳全面发展的和谐发展观,这是基于我们国家新时代中国特色社会主义理论体系对于人才培养的要求。在课程目标的设定上,要使每一位学生发展成为一个"完整的人",这一理念体现出全人发展的课程价值取向。回顾百年教育发展史,可以看出教育逐渐向"以人为本""以学生为主体"转变,这一转变着眼于学生的全面发展,不仅仅要求教师转变自身的教育理念,更要求教师与时俱进,跟随时代发展不断丰富自身专业理论知识,把"育人为本"作为教育工作的根本要求,以学生的发展为本,着力培养中国特色社会主义新时代具有责任感、创新意识和创造能力、学习能力、团队合作能力、生活能力、科学精神的青年人才。人力资源是我国经济社会发展的不可缺少的重要资源,教育是培养和发掘人力资源的主要途径,新时代混合式教学要求教师以学生为主体,充分发挥学生的主动性,把促进学生成长成才作为一切教育工作的出发点和落脚点,同时尊重教育规律和学生身心发展规律,关心每个学生的成长,促进每个学生主动地、生动活泼地发展,为每个学生提供适合的教育机会和模式,努力培养造就数以亿计的高素质劳动者和拔尖创新人才。

第二,具有扎实的教育教学理论知识及学科教学法知识。教育教学理论是教师教学的基石,它主要包括教育学基本理论、课程论、教学论、学习论等。教师应把握课程内涵及课程改革方向,掌握基本的教学理论和方法,如教学原则、教学方法、教学评价、教学手段等,并在实践中不断总结和反思,改进教学。教育教学理论及学科教学法要求针对不同的学生以及不同学科的特点,教师要选择合理的教学时机和教学环境,设计科学的教学组织形式,制定教学环节并安排时间,选择合适的教学载体和教学资源,应用有效的教学方法和手段,以此促进学生的学习和发展[1]。在现代教学理念下,教师应该设计促进知识建构的学习环境,强调以学生为中心,促进知识的获得、协作和交流。从建构主义学习理论的角度来说,教师的教学过程即在真实的问题情境中,借助社会交往与周围环境的交互解决真实问题,在这个过程中学生可以自己控制学习的进程,自己确定目标,自己建构知识。这不仅能最大限度地发挥学生的创造力和主动性,还适合于复杂知识的理解或高级认知技能的形成。

第三,具有系统的学科领域专业知识。在学科领域层面,教师需要对所教授的学科知识有系统的掌握,体现教师自身的专业性,这也是作为一个教师所需要的基本素质。教师应在全面掌握自身学科领域的专业知识内容的基础之上,考虑学科专业发展对人才培养的要求,结合该学科教学自身的规律实施教学。在实践性课程的混合式教学中,学生以自主学习和合作探究的学习方式参与到问题的真实情境之中,在教师的协助和指导下完成实践活动。在此过程中,学生通过观察与内省获得知识和技能,掌握问题解决的思路与方法,并不断丰富和完善自我的情感、态度和价值观,不断实现自我全面的发展[2]。

第四,具有混合式教学的有关理论知识。教师应对混合式教学的概念和内涵有充分的认识,对混合式教学特点有清晰的了解和把握。混合式教学不但在教学形式上将线上线下教学相结合,在教学方法、教学手段等方面也要恰当地结合。尤其在实践性课程中,需要理论知识的讲解与实践活动的结合,需要根据该课程的特点选择合理的教学形式、教学方法、教学手段进行混合,这需要教师掌握扎实的混合式教学的理念和方法。在传统的课堂教学中,教师

---

[1] 苏寒秋.论提高中职学校教师教学论应用能力的重要性[J].中国培训,2017(05):32-33.
[2] 李逢庆.混合式教学的理论基础与教学设计[J].现代教育技术,2016,26(09):18-24.

的精力主要放在帮助学生记忆和理解知识,而如何让学生通过思考和探索将知识内化,应用知识,从而创造性地解决问题,这些能力似乎没有足够地体现。在实践性课程中,强调学生实际动手能力的培养,需要学生充分参与到课程中,这有利于学生对理论知识的吸收进而将其融入实践活动中。而以翻转课堂为代表的混合式教学,则是将原有的教学结构和顺序进行颠倒,学生在课前利用计算机网络在线技术进行学习,通过自学知识点后带着在学习过程中遇到的问题,到课上与老师和同学进行讨论并解决。这样的学习方式,能够培养学生的学习能力以及高阶思维能力。

2. 混合式教学实践能力

混合式教学改变了传统课堂"以教师为中心的灌输式"的教学模式,开始更加关注学生的主体地位,提倡教师主导和学生主体地位相互融合。教师角色改变的同时也对教师的能力提出了更高的要求。教师不仅需要具备丰富的理论知识、良好的思维能力和表达能力,还要掌握一定的教学实践技能,知道"如何教"以及如何促进学生学习。在混合式教学中,教师实践能力的体现可以分为以下几个方面。

第一,能熟练应用教育信息技术及在线教学工具。混合式教学不同于一般的传统教学,教师在教学的过程中,不仅要考虑课堂知识的传授、互动,以及课后的在线协作,同时还需要考虑两种学习活动的互补和协调。越来越多的学校提高了对教师混合式教学的重视程度和支持力度,这不仅鼓励教师将面授课堂与网络教学合理有效衔接,还要求其引导学生进行个性化有效学习和深度学习。在传统教学中,老师以灌输的方式向学生传授知识,对于学生来说,他们是被动地进行学习活动;而在混合式教学中,通过讲授课堂和在线学习资源相结合,能够激发学生的学习兴趣,通过获取优质学习资源,学生能够学到他们想学习的内容。

第二,能有效衔接课堂教学和在线教学。课堂教学是混合式教学的一个重要组成部分,课堂教学和在线教育的有效衔接主要体现在学习环境设计、网络教学平台的利用和学习资源的选择上。学习环境的设计可以具体细分为网络学习环境和现实活动情景。教师在混合式教学的过程中,要为学生创设自由、平等的交往环境,注意学生在网络环境下学习的虚拟文化氛围,同时教师要注意学习活动情境的设计。混合式学习强调学生的主体性,通过主动学习活动设计激发学生主动学习的热情。网络教学平台和学习资源是混合式教学能够有效实施的重要依托。对于网络教学平台的使用，教师应该在使用之前对该教学平台的各项功能有系统的了解和规划，力求发挥该平台个性化定制的功能，根据国家和学校的教学目标、自身的教学安排以及学生的学习情况分析，有目的、有计划、有组织地对知识模块进行筛选、排序、增加或删除，以适应个性化的教学需求。对于教学内容的选择，教师应从"以教为主"转换到"教学并重"，不仅要懂得去开发利用书本教材，还需要去开发、掌握各种网络学习资源，如各种学习网站、学习辅助软件、手机 App、电子教学课件，等等。

第三，能引导学生参与有效交互，形成混合式学习共同体。目前计算机网络通信技术如 QQ、微信、电子邮件、博客、论坛等社交软件，为人与人之间沟通交流增加了渠道，并且使得在线教学的互动更加多元。在混合式教学中，鼓励和引导学生参与交互，保证师生之间、学生彼此之间、学生和学习环境之间的有效互动，是每一位新时代教师应该重点关注的问题。

首先，在网络在线教育中，教师的参与是不可缺少的。要保证师生之间的有效交互，就需要教师在交互过程中体现情感因素，无论是线上还是线下教学，都要在与学生的交互过程中体现对学生的关心，在线上交流也要体现亲和力，拉近与学生之间的距离，采用平等的对话对学生进行引导，避免命令式、结论性语言的出现，对于学生提出的问题或疑问要及时反馈。同时，教师应在学生不同的学习阶段，为学生提供不同的交互策略。

其次，鼓励学生进行合作学习，构建混合式学习共同体。教师可以组织学生形成基于项目或者基于问题研究的学习小组，建立学习社群，让学生在团队中学习，有问题除了可以向老师提问外，还可以向同学请求帮助。在混合式教学中，还要注意在线交流与课堂交流的结合，由此形成可以互相帮助、共同成长的混合式学习共同体。

第四，能借助混合式教学实践，实现新时代下的教师专业发展。混合式教学的发展呈上升趋势，不管是学校，还是教师自身，对于混合式教师的专业培训越来越重视，混合式教学能力已经成为未来教师职业能力发展不可缺少的一部分。混合式教学的效果取决于教师的态度和能力的准备，取决于教师如何从传统的面对面课堂教师角色过渡、转化为混合式教学所需要的更为复杂的角色。作为混合式教学的主要承担者，教师应该对混合式教学表现出积极、乐观的态度。这需要教师可持续发展能力、逻辑思维能力、反思和沟通能力、管理能力以及科研创新能力的提升，本身也是一种促进教师专业发展的有效途径，是未来教师培训和教师专业发展的必然趋势。混合式教学的优势已经显而易见，国内外已经有越来越多的学校和机构采用混合式教学的方式开展教师培训。这种体验本身，不仅能够为教师带来更加高效的专业发展，而且也有助于教师通过亲身体验更好地理解混合式教学，进而更好地设计和实施混合式教学。

二、混合式学习中的学生

学生是指在各种教育活动中从事学习活动的人，是教育活动的对象和主体。学生作为一个独立的个体，有自己的主体需要和意识，在接受教育影响的同时，还具有将学习内容进行重组、创新的能力[1]。混合式学习情境中，学生是混合式学习活动的主体，是信息加工和情感体验的主体，也是知识意义上的主动建构者。混合式教学设计应充分考虑学生的特点、需求、混合式学习能力、信息素养及混合式学习行为的特点，才能使混合式教学达到预期的效果。

(一)学习心理和需求

学生的心理需求是引发并调节学生行为的重要因素。学生表现出的任何学习行为都伴随着心理感受的出现，只有正确客观地分析学生的心理需求，才能引导学生朝着预期的方向发展。在正确了解学生心理需求的前提基础上，采取与学生心理需求相符合的教学策略和措施，才能使教育发挥真正的作用。否则，无视学生的心理需求只能遭到学生的心理排斥和抵抗，不会得到学生的主动认同感，自然无法收到好的教学效果。学习心理与需求涉及许多方面，主要包含学习动机、学习接受度与满意度和学习风格。

1. 学习动机

学习动机是指激发并维持个体进行学习活动的内部心理状态[2]。如何激发学生的学习兴趣以及动机，对提升教学活动质量和水平具有实质性意义。根据强化理论，人的学习行为取决于某种行为与刺激所建立的稳定联系，学生

---

[1] 任平,孙文云.现代教育学概论[M].广州:暨南大学出版社,2013.8.
[2] 章永生.教育心理学[M].石家庄:河北教育出版社,1998:323-324.

的学习行为会受到环境的影响而得到稳固和加强。比如小学阶段,教师为了促使学生表现学习行为,会给予一定的奖励;家长会用学生高频的行为作为低频学习行为的刺激物。依据马斯洛的需要层次理论,学生是由于内在的需要而产生相应的学习动机。这些需求主要分为五种:生理需要、安全需要、归属与爱的需要、尊重需要和自我实现需要。中小学阶段学生主要产生的需要是归属与爱和尊重的需要,该阶段需要周围的人给予学生更多的关注和赞赏,通过外在环境激发学习动机,让学生获得充分自信与进取心;进入大学以上阶段,学生在满足基本需要的前提下,开始不断追逐和挑战自我,学习动机由外在转为内在,该阶段学习主要为了满足学生对于自我升华和自我实现的需求。依据班杜拉的自我效能感理论,动机产生于人们对于自己能否成功地从事某一成就行为的主观判断。学生的学习行为受到结果期待和效能期待的影响,当学生对自己达成的学习结果或者学习成功的能力产生不好的预期时,就会减少学习行为的表现。

混合式教学系统中的学生既是知识的接受者,也是信息的建构者。课堂中由于师生互动的现实性和及时性,学生的学习动机可以通过一定的管控强化和自我需要的满足得到激发,学生通过师生与生生的互动实现知识的传递和吸收。与之相比,线上学习更多地依赖于学生自身的能动性和自觉性。由于空间的距离感和信息的复杂性,学生需要产生高度的效能感和学习意愿才能实现信息的获取和意义的建构。线上的互动交流也是必不可少的,教师可以通过视频讨论、发起签到、布置任务、线上测验、论坛留言等方式来对学生进行在线监控,及时掌握学生的动向和学习情况。

2. 学习接受度与满意度

学习接受度和满意度主要是指学生对学习活动的主观感受和态度,是由于学习者喜欢学习活动,或是在学习过程中的愿望及需求获得满足,因此对学习产生的喜爱程度。学生对学习活动产生的期望和现实的差距越小,越容易感到满足[1]。如何评价并提升学生的学习满意度也是学生学习心理与需求应重点关注的一个方面。学生满意度是在市场经济下消费理论的基础上构建起

---

[1] Kotler P. Marketing management: analysis, planning, implementation, and control[M]. 9th ed. Upper Sanddle River, NJ: Prentice Hall, 1997.

来的,该理论认为学生是教育产品的消费者,拥有消费的权利,学生作为个体消费教育产品或者服务时,对其消费行为的获得抱有一定的期望,当期望得到满足,学生才会对学习感到满意,而这部分满意的学生获得学业成功的可能性也就更大。美国、英国大学普遍接受学生满意度的调查,他们认为学习满意度调查对现代学校来说是科学的、适用的、必要的、可行的。

对学生而言,混合式教学是有别于传统课堂的新型教学方式,混合式教学系统中的学生既是客体,也是主体,学生对于学习效果的满意程度直接决定了混合式教学的成功与否。根据学生的接受和满意程度,学校可以适当地调整课程结构,提高教学质量,达到应有的培养目的。依据需要层次理论,高级需要又可以分为求知的需要、审美的需要以及自我实现的需要,当学习活动能够满足不同学生的需要,学生就会对学习活动产生强烈的满足和接受感。

Herzberg(1957)提出了现实与期望之间的双因子理论,他认为人们之所以能够产生工作满意度主要是因为他们可以在工作中获得两种报偿,一个是内在报偿(激励因子),一个是外在报偿(保健因子),学习亦是如此。学生在参与混合式学习活动中,如果学习情境中的保健因子(如师生关系、学习氛围、地位、分数等)的存在足够多,学生就可以得到适当的满足。如果学习本身所拥有的激励因子(如成就感、责任感、自我发展的需求)不够多,那么学生会产生厌恶或者倦怠[①]。

Domer(1983)的差异理论将学生的期望水准和现实所得结果之间的差距作为衡量学习满意度的重要尺度[②]。简而言之,如果学生对混合学习期望与实际学习结果之间的差距过大,那么学生就很难产生较高的学习满意度。国内部分学者研究得出学习满意度与考试及格率呈现正相关,并进一步说明课程结构、学习内容、学习支持服务体系、教师教学水平等现实条件与学习满意度有着密切相关的联系。可见,只有学习活动满足学生的期望值,才能提高学生的学习接受度与满意度,这也是未来混合式教学要设立的一个重要指标。

---

① Herzberg F, Mausner B, Peterson R O, Capwell D F. Job attitudes: review of research and opinion[J]. American Journal of Sociology, 1959: 534—535.

② Domer D E (1983). Understanding educational satisfaction. The Univercity of Kansas School of Architecture and Urban Design. (ERIC Document Reproduction Service No. ED 022600).

3. 学习态度

学习态度是指学习者对学习较为持久的肯定或否定的行为倾向或者内部反应的准备状态[①]。一般情况下,可以通过学生的情绪、认识或者行为意向对其进行判断。学习态度的基础是学习认识,学习认识是学生对学习活动意义或者所学课程内容价值的理解和看法。学习态度在学习活动中通过情绪或情感表现出来。情感是学生伴随认知而产生的情绪或情感的体验,学生对学习的厌恶或者喜欢程度都可以通过情绪得以展现。行为意向是学生对学习的反应倾向,即准备对学习做出的行为状态,如学生在上课前端坐,上课时起立,上课后积极举手发言。只有学习认识、情感和行为意向三者保持一致,才能形成正确的学习态度。

与传统课堂相同,混合式教学系统中学生的学习态度会通过情感、认知以及行为意向表现出来。

H. C. Kelman(1958)认为态度的形成主要分为三个阶段:服从、同化和内化。服从是指学习者在主体意愿的影响下不自觉地模仿周围的人或事物,由于受到群体规范的压力产生的服从行为。服从过后的主体开始自愿接受他人的观点、信念或者新的信息,不再局限于表面的改变,逐渐走向质变。最终,学生的内心发生根本性变化,新的观点、情感已经成为他们态度的一部分,形成比较稳固的体系,不会轻易发生改变。混合式教学的课堂讨论环境中,学生会在规定的情境中自觉参与师生或者生生之间的交流,在互动中交换并接纳他人的观点和态度,最后实现信息的内化和意义的建构。因此,在混合式教学中,无论线上学习还是线下教学,教师都应当鼓励学生进行互动,发表自己的看法并与他人分享交流,只有这样才能真正实现认识、情感以及行为趋向的转变,形成持久、稳定的学习态度。

美国心理学家Festinger(1957)提出了态度的认知不协调理论,当人们处于认知相互冲突或者不协调的情况下,就会产生内心的不舒适或者紧张的情绪[②]。因此,混合式教学中,教师应适当创设并引发认知冲突的情境,促使学

[①] 章永生.教育心理学[M].石家庄:河北教育出版社,1998:323-324.
[②] [美]菲利普·津巴多,迈克尔·利佩.态度改变与社会影响[M].邓羽,肖莉,唐小艳,译.北京:人民邮电出版社,2007.

生形成接受信息的态度,转变原有的认知,形成新旧经验的重组与改造。

(二)学习能力

《成人教育大辞典》将学习能力定义为决定某种活动的完成与否和具体效果的个性心理特征,强调"学习能力是成功完成某项学习活动的心理特征"[1]。《学习心理学》一书中提到:"学习能力是个人的内在素质,可以引起行为或思维相对持久的改变,学习能力的形成和发展必要通过某些学习实践。"[2]中国教育家协会、中华教育研究交流中心最新研究结果表明,学习能力表现可以分为六项"多元才能"和十二种"核心能力"两大方面。六项"多元才能"包括知识整合能力、社交能力、心理素质、团队合作、理财能力、策划与决策能力。十二种"核心能力"包括注意力、观察力、想象力、思维力、记忆力、理解力、创造力、语言表达能力、操作能力、运算能力、视听知觉能力等。由此可见,学习能力主要是指学生从事学习活动所需具备的心理特征,也是学生顺利完成学习活动的各种能力的组合,包括认知能力、思维能力、创新能力、实践能力等。

现代信息科技的发展对学生的学习能力提出了新的要求:一是发现问题和解决问题的能力;二是收集、分析、整理和利用信息的能力;三是合作与分享的能力。主要表现在四个方面:学生可以有效地运用现代信息技术选择、收集、加工信息;学生可以利用已有信息解决问题;学生可以充分实现信息的表达和交流;学生可以打破常规的信息结构,实现信息的重组和创新[3]。

毕华林认为,学习活动都是以必要的知识、技能和学习策略作为定向和调节的基础,否则无法形成学习能力。学习能力的基本要素包括基础知识、基本技能和基础策略。学习能力并不是凭空出现的技能,而是基于知识、策略和技能本身形成和发展起来的以思维能力和学习策略为核心的个性心理特征[4]。因此,学习的实质是在主客体相互作用的前提下,通过主体的内部心理结构的构建以及行为动作对现实的反映。

混合式教学需要通过师生、生生和学生个体与媒体的交互作用形成认知结构和情意品质,从而形成学习能力。李红将学习的信息加工过程与结构功

---

[1] 齐高岱,赵世平.成人教育大辞典[M].青岛:石油大学出版社,2000.
[2] 刘儒德.学习心理学[M].北京:高等教育出版社,2010.
[3] 章志光.社会心理学[M].北京:人民教育出版社,2008.
[4] 毕华林.学习能力的实质及其结构建构[J].教育研究,2000(7):78-80.

能观念相结合,将学习能力分为基能力和元能力。学习的基能力主要是学习能力中的基本加工操作成分,体现在对信息内容的输入、编码、储存、提取、加工等解决问题的一系列外部操作能力;而元能力指对学习过程起到计划、调节、管理、控制、监督的职能,目的在于保证学习活动的顺利进行、学习资源的合理分配以及监控学习的进程[①]。根据结构功能论,学习能力应该包括基础能力和元能力。一个能够保证学生在自主学习或者自主讨论过程中有效地收集、处理并实现信息的迁移,一个能够对学习进度和过程产生自主的调控。在现实层面,混合学习系统中的学生应当从两个方面培养学习能力:一方面通过师生、媒体以及同伴交互传授知识技能以及训练思维;另一方面关注学生学习策略的培养和提升,最终形成知识教学和策略教学的双向结合,从预习能力、听讲能力、阅读笔记能力、课后复习能力、人际交流能力、自主学习能力和学习资源管理能力的培养多方面建立起学生学习能力的发展模式。

(三)学习策略

目前,国内外学界关于学习策略的含义主要分为三种:第一种将学习策略看作学习的内隐规则系统;第二种将学习策略作为学习能力的核心要素;第三种将学习策略看作学习的外显操作程序和步骤。

史耀芳将学习策略定义为"学习者为了达到一定的学习目标,有意识地调控学习进程的一系列操作过程"[②],在一定程度上表现为学习的方法与技巧,是学习能力的一个分支。

刘电芝认为学习策略既包括内隐的规则系统,又是外显的操作步骤和程序,即学习者在学习活动中运用的有效学习规则、方法[③]。

本书认为学习策略是指学生在学习活动中有效的学习规则、方法、技巧及调控方式,既可以是内隐的规则系统,也可以是外显的操作程序和步骤。

根据麦基奇(McKeachie,1990)[④]等人的研究,学习策略分成认知策略、元认知策略和资源管理策略。认知策略是信息加工的方法和技术,有助于学生

---

① 李红.关于智力研究的几个理论问题[J].西南师范大学学报(社科版),1997(5):98-103.
② 史耀芳.浅论学习策略[J].心理发展与教育,1991(3).
③ 刘电芝.学习策略(一)[J].学科教育,1997(1).
④ 莫雷.教育心理学[M].北京:教育科学出版社,2007(1):118.

从记忆中有效地提取信息,包括复述策略、精细加工策略以及组织策略。复述策略是在工作记忆中重现学习材料或刺激,目的是保持信息,方便将注意力维持在学习材料上的一种方法,例如多种感官参与、画线、多种形式复习、整段识记和分段识记等。精细加工策略是将新知识与头脑中已有的知识联系起来从而获取新知识并巩固旧知识的策略,比如记忆术、做笔记、提问等。组织策略是为了整合新旧知识之间的联系而建立起来的一种知识结构,比如做提纲、编辑摘要等。元认知策略是学生对自己认知过程的认知策略,包括对自己认知过程的计划、调节和监控,有助于学生安排学习进度和调节学习过程。资源管理策略是对学习资源进行管理、控制和分配的策略,有助于学生有效地安排学习过程和调整学习环境,主要包括时间管理策略、环境管理策略、工具管理策略和努力管理策略。资源管理策略要求学生统筹规划自己的时间,有效利用并且调节周围的学习环境,把控自己的努力程度。

混合学习模式对学生的学习策略提出了更高的要求,尤其是在线上学习的环境中,如何有效地实现对信息的搜集、整理和加工,如何利用好信息技术工具、师生之间的关系以及如何合理监管自己的学习过程,都是要深度思考的问题。

(四)信息素养

信息素养是全球信息化要求学生具备的一种基本的能力。信息素养这一概念最早是由信息产业协会主席 Paul Zekaus 于 1974 年提出的。美国图书馆学会(American Library Association,ALA)在 1989 年将信息素养定义为:信息素养是指能够判断什么时候需要信息,懂得如何去获取信息,以及如何去评价和有效利用所需的信息。信息素养教育是以培养学生的信息意识、信息获取和利用能力,开发学生持续学习能力、创新能力为目的,是培养学生的终身学习能力,造就创新型人才的重要途径。从文化的角度来看,信息素养应该包含信息知识、信息技能、信息意识和信息伦理道德,是一种全新的文化[1];从科学和人文素养的角度看,信息素养应当包括信息技术的应用技能、利用信息融入社会的能力和态度、理解与批判信息的能力[2];从微观的角度上看,信息能力不仅包含信息技能,还包含一般的能力。总体上看,信息素养的构成大致

---

[1] 王吉庆.信息素养论[M].上海:上海教育出版社,1999.
[2] 王吉庆.信息素养论[M].上海:上海教育出版社,1999.

可以归结为信息意识、信息知识、信息能力和信息伦理道德四大方面。

1. 信息意识

信息意识是学生对学习活动中所呈现信息的感受力、判断力和洞察力[①]。信息意识指人们对信息的敏感程度,代表人对自然或者社会现象、个体群体行为或者理论观点的感受、理解以及评价。混合式学习模式中,学生需要对信息具有敏感的判断力和认识力,以便对网络信息或者教师设计并呈现的内容进行辨识性的选择、处理与加工,因此,信息意识是信息素养的开端,影响着学生在学习活动中能否正确地认识信息并实现迁移与运用。

2. 信息知识

信息知识主要是指与信息有关的知识、理论以及原则,包括与信息技术有关的理论知识以及方法规则[②]。理论知识包括学生对信息基本概念、处理方法以及社会文化特征等方面的理解和认识。只有掌握信息本身的"基本知识",才能更好地获取、辨析、利用信息。混合学习系统中的学生面对各式各样的信息渠道以及信息种类,如果没有形成基本的信息理论知识和方法规则,则无法很好地对信息加以利用并形成有意义的建构,因此,信息知识是信息素养水平的基础,也是学习活动赖以进行的前提条件。

3. 信息能力

信息能力是指学生认识、获取、运用信息技术以及处理问题的能力。还可以细分为信息获取能力、信息处理能力和信息交流能力。信息获取能力指学生在学习活动中能够快速、高效、便捷地获取信息;信息处理能力指学生能够妥当地处理、存储并传播信息;信息交流能力是指学生能够利用人际关系或者人机关系实现双向信息交流。由此可见,信息能力是顺利开展混合式学习活动的基础,信息能力水平的高低直接决定了信息知识的作用能否得到充分发挥。

4. 信息伦理道德

信息伦理道德一般指在信息领域中能够规范学生相互关系的思想观念或

[①] 李艺,钟柏昌.信息素养详解[J].课程教材教法,2003(10).
[②] 李艺,钟柏昌.信息素养详解[J].课程教材教法,2003(10).

者行为准则。主要包括以下内容：

(1)遵守国家网络法律法规,遵守社会伦理道德,在网络平台上约束自己的行为,遵纪守法。

(2)关注信息安全,在使用网络技术的过程中注重对自己和他人信息的保护,维护自己的合法权益。

(3)尊重网络平台的知识产权,不盗取、不传播他人的智力成果。

(4)保持积极进取的学习态度,对于网络技术带来的新信息、新技术,理性判断,合理选择。混合式学习中,尤其是在线上学习部分,在线讨论发言时,信息伦理道德对讨论活动起到规范的作用,确保形成良好的学习交流氛围。

(五)学习行为

关于学习行为内涵的界定,国内外主要有五种说法[①]：

(1)学生的学习行为是学习过程得以发生和发展的一系列活动,是环境和学生相互作用的产物。

(2)学习行为是学生为了达到学习目标而实施的一系列结果,它产生于学生对学习目标的预估以及学习结果的评判。

(3)学习行为是学生在学习过程中使用的行为形式和方法,是学生在特定情境中进行学习活动的具体化和操作化。

(4)学习行为即学习过程和学习活动。

(5)学习行为是指学生在获取和运用知识过程中展现出的个性化特征。

基于上述观点的总结,本书认为学生的学习行为是指在学习过程和学习活动中表现出来的动作规范、个性行为,学习行为以学习目标为指导,最终指向学习结果。

混合式学习环境中,学习行为是学生的学习动机、学习态度、学习策略等智力因素与非智力因素的一种外在表现形式,教师可以通过学生的课堂或者在线行为表现来判断教学的成功与否。根据班杜拉的社会认知理论,学习行为的发生是学生主体、认知结构与环境因素相互作用的结果,三者之间是交互

[①] 姚纯贞,米建荣,王红成.国内外"学习行为"研究综述[J].教学与管理,2009(30)：48-50.

统一的关系①。建构主义也认为意义的建构要依赖于学生主体的认知结构，同时不能离开特定的社会背景和学习情境。杜威也曾指出，学习是经验的改造与重组的过程，只有学生与学习环境发生相互作用才能产生相应的学习行为。因此，混合式教学中，需要将学生的认知、行为以及所处的环境相联系，通过环境改造经验，利用意义建构影响学生的行为和活动，最终实现三者之间的和谐发展。由于在线学习环境的自主性、开放性、可重复性等特点，学习行为既可以表现出学生的个性特征，也会受到环境内外诸多因素的干扰，比如学生的学习态度、情绪、投入、同伴等。学生的在线学习行为表现可以对学习活动和学习过程作出直观的反映。一些积极的学习行为能更快地达成学习目标，比如观察、听讲、思考、积极的互动、讨论、自主探究；一些受到干扰而产生的消极学习行为则会阻碍学习目标的实现，并进一步对学习结果产生影响，比如学生在学习过程中做与学习无关的事情。

因此，在混合式教学中，教师要对学生的学习行为进行一定的监管，尤其是在线学习行为。也可以利用技术手段，如建立学习行为的后台数据分析，以及采用适当的在线监控，实现对学生学习行为的了解、干预或引导，保证混合式教学的顺利进行。

三、混合式教学资源

资源，是一切可被人类开发和利用的物质、能量和信息的总称。教学资源指的是在学校教学过程中支持教与学的所有资源，也就是一切可以被师生开发和利用的、在教和学过程中使用的物质、能量和信息，包括各种学习材料、媒体设备、教学环境以及人力资源等②。正如混合式教学与混合式学习的概念，教学资源有时也称学习资源，前者是从教师教学的角度而言，后者是从学生学习的角度，或为了凸显"以学习者学习为中心"的教学理念而使用的概念。由于本书是从教师角度对混合式教学进行研究，因此统一使用"教学资源"。下文将对传统教学资源、数字化教学资源、混合式教学中的教学资源分而述之。

---

① 章永生.教育心理学[M].石家庄：河北教育出版社，1998：323-324.
② 何克抗，李文光编著.教育技术学（第2版）[M].北京：北京师范大学出版社，2009(4)：73.

(一)传统教学资源

按照教学资源自身的本质属性,传统教学资源可以分为人力资源和非人力资源[①]。

1. 人力资源

人力资源既指促进学习者学习的个人,如教师、学习同伴,也包括促进学习者学习所在的学习群体,如由学生与学生组成的学习小组、教师与学生组成的学习共同体。教师是非常关键的人力资源,不仅传授学生知识与技能,还能塑造学生的个性、道德以及情感,等等。在混合式教学中,如前所述,教师的角色、价值及素养都体现出不同的特点,此处不再赘述。学习同伴也是非常重要的人力资源,同伴之间的影响、学习氛围、良好的学习共同体是否形成,也都影响学习的效果,这将在下一节"教学环境"的"社会环境"中论述。

2. 非人力资源

非人力资源主要指教育信息、教学媒体以及教学场所。

(1)教育信息。教育信息主要包括以下五个方面:

一是教育内容信息。学习者通过接收和加工教育内容信息,从而获得品德、知识、情操等方面的发展。教育内容信息是教育活动最基本的特征,是最重要的一类信息资源。

二是教育控制信息。教育控制信息分为两类:一类是调节信息,教师(控制者)发出并由学生(被控制者)接收后发挥作用的信息;另一类是状态信息,也称为反馈信息,是由学生发出并由教师接受后发挥作用的信息。

三是教育政策法规信息。教育政策法规是一个国家关于教育的方向、任务等指导准则方面的信息,对国家教育系统的宏观调控起重要作用。

四是教育管理信息。教育管理信息是在各级各类教育管理系统中存储的信息,教育管理系统不仅包含学生的基本信息、有关课堂环境的信息,还包括有关教育资源配备的信息。

五是教育社会信息。教育社会信息是社会中与教育息息相关的信息。

---

① 何克抗,李文光编著.教育技术学(第 2 版)[M].北京:北京师范大学出版社,2009(4):76.

(2)教学场所。教学场所通常指师生教学时所在的物理环境。在传统的教学论中,往往认为物理环境是教学环境的主体,很容易把教学场所和教学环境等同起来,这种观点与传统课堂教学方式有密切的关系。在传统的课堂教学中,教学环境的主要内容是教室和讲授式的教学方式,因此教学环境往往以场所的形式表现出来,如下文"教学环境"节中所述的"物理环境"。

(3)教学媒体。教学媒体是教育信息的载体,又称为教学媒介。纸质的教科书、辅助教学的教具、丰富多彩的音像材料以及多媒体计算机和因特网,这是教学媒体发展史上的四次突破。其中教科书、直观教具、音像材料都属于传统教学资源。

媒体的表达方式是多样的,如通过口语、文字以及电子信号来进行表达。相应的媒体,可以分为口语媒体、印刷媒体以及模拟信号电子媒体。口语媒体指的是口头语言,如教师讲解知识点时所说的话。印刷媒体指各种纸质的文本资料,如著作、课本、杂志,等等。模拟信号电子媒体指用电子信号来传播信息的硬件,如电视等。

媒体作用的感官是多样的,如作用于眼睛、耳朵,以及既作用于眼睛又作用于耳朵。相应的媒体,可分为视觉媒体、听觉媒体、视听媒体。视觉媒体指主要作用于我们视觉器官的媒体,如黑板、课本和教学工具等。听觉媒体指主要作用于我们听觉器官的媒体,如录音机等。视听媒体指同时作用于我们的视觉器官和听觉器官的媒体,如电视等。

在多种多样的教学媒体的背后,它们存在一些共同的特征。

教学媒体具有稳定性:教学媒体可以稳定地存储信息,一般不会出现信息的流失,如印刷媒体将文字符号稳定地记录并储存在纸面上。

教学媒体具有传播性:教学媒体可以将信息传播到更远的地方,让更多的人接收到信息,从而使各种信息打破空间的限制流传得更广。

教学媒体具有重复性:比如各种图书,如果我们在使用的时候稍加保护,它就可以被多位读者重复使用。

教学媒体具有组合性:几种教学媒体可以组合起来使用,如教师在上课的时候,可以根据学生特点以及教学内容的特征,将听觉媒体、视觉媒体等组合起来使用。

(二)数字化教学资源

1.数字化教学平台

在移动互联网和大数据背景下,涌现出许多便捷的数字化教学平台或工具,这助力于混合式教学中线上教学的开展。下面以"雨课堂"、MOOC和"智慧树在线教育"为例进行介绍。

"雨课堂"主要面向高等教育领域,在软件系统的角度上,它主要分为三个部分:手机端、桌面电脑端和远程服务器。其中,前两个直接用于教师教学,最后一个则用于支撑系统的运行和记录、分析学生在学习过程中产生的数据。

"雨课堂"的功能要点如下:

(1)提供"不懂"反馈。在教师讲解某页幻灯片时,若学生存疑,可点击该页下方的"不懂"按钮匿名向教师反馈。

(2)提供课堂习题应答系统。教师可以在界面中增加习题,教师端可以看见学生的答题情况。

(3)提供"手机课件"推送。通过"手机课件"制作功能,教师可高效地做出微课,并通过手机微信端将课件推送至学生的微信中,从而使学生有更多独立自主学习的空间。

(4)提供数据采集与分析。这促进教学由"经验驱动"向"数据驱动"转型。

MOOC(massive open online courses,大规模开放式在线课程),具有开放性、大规模、自组织和社会性等特点。该课程模式的出现,引起了远程教育和开放教育乃至整个教育培训行业的关注。它有利于构建社会化学习网络,有利于知识的创造和分享,对于推动开放教育产生深远的影响。经过20年的发展,MOOC平台中的网络资源丰富,由初级到高级、由浅入深,适合不同层次的人们自主学习。国内的MOOC平台,如"学堂在线""爱课程""智慧树在线教育"等,已被广大师生以及社会上有需要的人广泛使用。

"智慧树在线教育"是国内的大型MOOC课程平台,它提供学分认证及学位支持,帮助政府、联盟、学校达成优质课程资源共享。该平台支持学习者在不注册的情况下观看课程直播,可以实现跨校选课修读,对于需要获得学分的学习者,则须在平台中注册并在学校教学系统中选课,方能学习平台中的特定课程。智慧树平台可以创建翻转课堂,可以上传资料、在线布置学习任务、在线提交作业、在线批阅作业，支持在线论坛讨论，可以提供课程教学直播、随机提问、学生投票等，为混合式教学提供良好的支持。智慧树教育公司的产品"课程中心 4.0"，在其学生端，学生可以自由浏览各类学习资源、上传作业、进行同伴互评等；在教师端，教师可以建设课程、上传教学大纲和视频资料、在线批改作业等，该产品也可以很好地支持混合式教学。本书的实践性课程混合式教学实践，大部分都是在智慧树网络平台及"课程中心 4.0"上开展的。

另外，还有凝聚数百位一线教师智慧的"对分易"教学平台，以及蓝墨科技开发的移动 App"蓝墨云班课"，等等。这些平台操作便利，功能强大，已经得到广泛的应用。数字化学习平台为混合式教学活动的开展提供了资源支持。

2. 数字化教学资源的类型

数字化教学资源指通过网络可以获取的各种学习资源的总和。它是以数据形式把动画、视频、声音、文字以及图像等多种形式的信息存储在非纸介质的载体中，并借助网络、计算机或终端等方式传输或再现出来的学习资源[1]。随着智慧教学对数字化学习资源提出新需求，各种数字化学习资源随之产生，并在技术支撑下不断优化。

数字化学习资源通常有以下五种类型：课件类（含多媒体课件和 CAI 课件）、案例类（包括教学设计方案、各类试题等）、多媒体素材类、文献资料类和信息化学习工具类。其中，信息化学习工具的研发是重中之重，近些年也取得一定进展。目前正在研发的信息化学习工具有交互式电子白板、电子书包、3D 打印机、智能机器人，等等。下面对交互式电子白板和电子书包进行简介。

如今，交互式电子白板已普遍应用于各级各类学校，能够替代黑板和投影多媒体，是课堂教学信息化的一种体现。交互式电子白板具有"技术集成、资源整合、交互平台、常态应用"等特性，其交互性等功能改变了教学内容的呈现方式，对课堂教学的革新意义重大。研究表明，电子白板的资源集成有助于创设情境，激发学习动机，提高学习参与度。交互式电子白板集文字、图像、声音、视频等多种媒体于一身，并且自带各个学科的教学资源库，因而可以给学习者创设直观、结构化的情境。交互式电子白板带有幕布功能，教师可遮盖部

---

[1] 陈琳，王蠹，李凡，蒋艳红，陈耀华. 创建数字化学习资源共建众享模式研究[J]. 中国电化教育，2012 (1).

分内容,巧妙地设置悬念,促进学生的思考,将教学内容一点点呈现出来。另外,交互式电子白板还具有聚焦功能,可以帮助学生集中注意力。不论是幕布功能还是聚焦功能,都有利于激发学生学习动机。电子白板突出书写和绘画的交互功能,学生可以在白板上进行标注、书写和画图,实现课堂的高度参与和互动。

如何利用技术来优化课堂教学,如何利用技术转变学生的学习方式,这是目前的研究热点。电子书包的出现,为课堂教学和学生学习方式的优化提供了支持。电子书包的定义有很多,国外有学者认为电子书包是一个数字化协作学习平台,它以互联网或局域网为基础,支持师生与生生之间的同步与异步交流和资源共享。在国内,武法提认为电子书包系统是整合了教育云服务和个人终端的应用平台。电子书包中基本的应用是基于云服务中的功能模块,包括资源库、作业与考试系统、电子教材、电子档案袋,等等。电子书包提供丰富的资源,如学习需要的各类教材、工具书等。电子书包助力新型学习方式的实现,学习者可以在任何时间、任何地点进行学习。此外,电子书包服务于学生的个性化学习,学生可以在教师的指导下自定步调地学习,教师也可以在网络云端实时监控学生的学习行为。同时,师生可以借助电子书包进行师生交流、生生探讨以及人机交互。电子书包打破了传统课堂时间的限制,教师可以合理进行教学设计,将部分任务交给学生,课后借助电子书包自主完成,促进了混合式教学的开展。

3.数字化教学资源的特点

基于新型教学模式实施的需要,技术支撑的数字化教学资源逐渐涌现、优化。相比较于非数字化教学资源,数字化教学资源主要具有以下特征。

一是多样性,教学内容集多种媒体于一体,如声音、图像、视频等。

二是共享性,网络环境下远程共享,可以让更多有资源需求的人获取相应资源。

三是互动性,它的交互功能有利于课堂中协作交流等环节的高效开展。

四是扩展性,其允许学习者对数字化学习平台中的资源库进行拓展以及精加工,以满足不同学习者的学习需要。

五是再生性,学习者可以个性化地对其中的资源进行整合、再创造。

4.数字化教学资源的前景

从技术角度追溯数字化教学资源的发展,包括三个阶段,分别是支持单向传播的早期阶段(视听技术、多媒体技术、Web1.0技术等),服务于双向互动、个性化学习的当前阶段(云计算、大数据、Web2.0技术等),实现智能化、沉浸式学习的未来阶段。在未来,人工智能、虚拟现实(VR)、增强现实(AR)、混合现实(MR)等技术将可能引发数字化教学资源建设的代际变革。

在教育问题解决与应用中,人工智能主要有四大应用形态:智能导师系统、自动化测评系统、教育游戏与教育机器人。智能导师系统由早期的计算机辅助教学发展而来,它模拟人类教师实现一对一的智能化教学,是人工智能技术在教育领域中的典型应用。典型的智能导师系统主要由领域模型、导师模型和学习者模型三部分组成,即经典的"三角模型"。自动化测评系统能够实现客观、一致、高效和高可用的测评结果,提供即时反馈,极大地减轻教师负担,并为教学决策提供真实可靠的依据。游戏智能是人工智能研究内容的一部分。在教育应用领域中,计算机和视频游戏不仅仅提供一种娱乐方式,更能推动玩家在游戏中获得新的知识和技能。教育游戏具有明确、有意义的目标,多个目标结构、评分系统,可调节的难度级别,随机的惊喜元素以及吸引人的幻想隐喻。教育机器人在教学中的应用越来越普遍。一方面,教育机器人可以培养和发展学生的计算思维能力。越来越多的学校正在引进教育机器人作为创新的学习环境,用于提高和建立学生的高层思维能力,作为提高学生学习动机和抽象概念理解的补充工具,帮助学生解决复杂的问题。另一方面,教育机器人具有多学科性质,提供建设性的学习环境,有助于学生更好地理解科学知识,在科学、技术、工程和数学(STEAM)教育方面发挥着重要作用。总之,未来人工智能技术将给教育领域带来新生态。

虚拟现实(Virtual Reality,简称VR)是近年出现的高新技术。它通过模拟出一个三维空间的虚拟世界,让使用者如同身临其境一般[1]。虚拟现实将构建出集体验、移情、身于一体的场景,将学习环境和学习内容融为一体,创生出在线学习资源的新形态。

增强现实(Augmented Reality,简称AR)通过电脑技术,将虚拟的信息应

---

[1] 赵沁平,怀进鹏,李波,沈旭昆.虚拟现实研究概况[J].计算机研究与发展,1996(7).

用到真实世界,从而使真实的环境与虚拟物体实时地叠加到同一个画面或空间中[1]。目前,该技术在科学教育中的应用研究较多。科学学科如生物、化学、地理等具有抽象化、微观化等特征,离学生的已有经验比较远,可以借助AR向学生展示仿真模型、虚拟环境等,加深学生对科学知识的认识。

混合现实(Mixed Reality,简称MR)对VR和AR进行创新融合发展,以虚实融合、实时交互、三维注册为主要特征,在教育领域展现了巨大的应用潜力[2]。MR将与人工智能以及情感计算等技术结合,服务于学生的个性化、沉浸式学习。基于MR的虚拟物体的建模方式和色彩都需要精心设计,每一个细节的呈现都可能对学生的学习效果产生影响。

在信息技术支持下,数字化教学资源将会使学生的学习朝着沉浸式、交互式、体验式的方向发展,助力于学生进行深度学习。

(三)混合式教学中的教学资源

混合式教学将传统教学优势与数字化教学优势结合起来,提升教学效果。其实现的途径之一是根据教学目标、教学内容及学生特点,将合适的传统教学资源与数字化教学资源进行混合,通过教师与资源间的有效互动、学习者对资源的动态生成以及纸媒资源间的有效融合,促进混合式教学活动的顺利进行并取得良好效果。在混合式教学中,对传统教学资源与数字化教学资源进行混合需要注意以下方面。

首先,注重教学资源的"建引结合"。设计和实施混合式教学活动时,引入优质数字化教学资源至关重要。但是,教育者也要结合学习内容、学生特点、客观条件等实际情况,对已有数字化教学资源进行消化吸收以及再创造。教师在教学活动中引入教学资源的同时,也应该加强自身建设,通过端正教学态度、提高教学能力等巧妙利用教学资源,让教学资源真正为提高学习效率所用。教育者这一人力资源十分重要,是教育的灵魂。只有教育者具有博大的智慧,才能形成有生命力、有深度的课堂,才能将教学推向深入。

---

[1] Milgram P, Takemura H, Utsumi A, et al. Augmented reality: a class of displays on the reality-virtuality continuum[J]. Telemanipulator & Telepresence Technologies, 1994: 282-292.

[2] P Milgram, A F Kishino. Taxonomy of mixed reality visual displays[J]. IEICE Transactions on Information and Systems, E77-D(12), 1994: 1321-1329.

其次，教学资源的动态更新。根据抽样调查，国家级网络精品课程76%的资源在半年内没有更新，有的甚至自申报以来对内容没有进行任何的增减和维护。资源得不到更新，将会渐渐固化和趋于陈旧，不利于教学目标的达成。因此，教师应该对已有资源进行及时更新、补充和修改。另外，可以根据教学过程的开展，进行生成性教学资源的构建。以已有教学资源为基础，在混合式教学活动中，通过学生与资源交互，使得如教学案例、学生疑点分析等生成性教学资源得以构建。生成的教学资源是学习者学习轨迹的一种体现，教学资源也会随着学习者学习的进行不断地动态生成。不同的学习者对同样的已有资源，会形成不同的生成性资源，将这些蕴含不同个体的智慧融入原有课程体系中，可改善资源固化现象，提高学习者的学习满意度。

再次，合理进行"纸数融合"，创新教材研发模式。纸质媒体与数字媒体应该同步策划，力争无缝对接、优势互补，避免之前纸质教学先行、数字资源后配的做法。同时，要避免"为技术而技术"。所有教学资源的开发都是为了促进教学活动的开展以及教学效果的提升。教学资源的开发不符合最新的信息技术，以教学需要为本，以学习效果的提升为目的。此外，融合新媒体与现代信息技术。在备课和授课的过程中，教师合理利用电子课件、网络课程等数字学习资源实施教学，在发挥主导作用的同时，也注重学生自主学习能力的培养。

最后，教师对学习资源的设计、开发、使用贯穿于混合式教学活动的始终。在课前与课后，教师根据学习需求、学习内容以及学生特征等选择已有资源或设计开发新的教学资源，教师通过数字化学习平台上传资源，学生在线自主学习。在线下课堂中，教师利用适合的传统教学资源和数字化教学资源开展教学活动，创设情境引导学生利用资源自由探索知识，形成体验式学习、沉浸式学习，促进学习者对知识的理解与内化，培养学习者的综合学习能力。

四、混合式教学环境

(一)教学环境的涵义

一直以来，"教学环境"是作为"环境"这一概念的下位概念而存在的，若要清晰定义"教学环境"，则需首先明确"环境"的含义。在《辞海》中，环境的定义为：围绕着人类的外部世界，是人类赖以生存和发展的社会和物质条件的综合体,可以分为自然环境和制度环境①。在《中国大百科全书》中,环境被定义为:人生活在其中并给人以影响的客观世界,包括自然环境和制度环境;人总是在一定的社会关系之中生活的,受来自外界的各式各样的、积极的和消极的、物质的和精神的影响,形成一定的思想、观念、行为和习惯;人们接受环境的影响不是消极的、被动的,而是积极的、能动的过程,环境影响人,人也在改变环境②。不难看出,在以上概念中环境被定义为人类赖以生存和发展的物质基础,人类生活在其中并受到环境的诸多影响。同时,人类也可以依靠自身的生产力和主观能动性对环境进行改造。作为"环境"下位概念的"教学环境",在本书中被看作是教育教学活动产生和发展的基础,是本研究中混合式教学系统的要素之一。

多年以来,"教学环境"作为教育学研究领域中的一个基础概念受到了国内外研究者的深入探究。"教学环境"这一概念最早见诸实践是由意大利著名教育家蒙台梭利发起的。在蒙氏教学法的要求中,儿童需要接受日常生活技能训练,同时也要从事园艺活动、完成以绘画和泥工为主的手工作业、参与体操训练和节奏运动等③。上述活动要将儿童带入专门为幼儿教育设置的"儿童之家"中进行。作为幼儿教学活动的重要场所,当时的"儿童之家"已经具备了部分当前一般教学环境中必备的要素,如井井有条的环境秩序、提供为幼儿教学服务的教材和用具等。以"儿童之家"的教育实践为基础,后来的中外教育学者们对教学环境的认识也随着教学实践的发展愈发深刻。在众多的研究成果中,人与教学环境的关系是学者们研究的主要方向。

研究人员发现,如果在设置课堂教学目标的同时考虑到对学生所处的教学环境进行部分改造,以适应教学目标的要求,则在新的教学环境中教师的教学目标更容易达成④。1991年,美国学者 Jean Lave 和 Etienne Wenger 提出了情境学习理论。该理论认为应当让教师在教学过程中创立具有情感色彩的、生动形象的场景,以此场景激发学生求知欲望。这种学习场景要从学习者

---

① 《辞海》编辑委员会. 辞海[M]. 上海:上海辞书出版社,1999:3247-3248.
② 中国大百科全书编辑部. 中国大百科全书(教育卷)[M]. 北京:中国大百科全书出版社,1991:3.
③ 吴式颖,李明德. 外国教育史教程[M]. 北京:人民教育出版社,2015:328-329.
④ 陈琦,刘儒德. 当代教育心理学[M]. 北京:北京师范大学出版社,2007:471.

的生活经验和教学任务的角度出发,促进学生有意义学习心向的激发[1]。关于"人与教学环境的关系"问题,有学者研究教学环境的设置如何影响学习者的学习效果和学习动机,得出的结论主要是:经过精心策划和设计的教学环境,有利于教师教学目标的实现和学生学习效果的提升。教学环境的设置越贴近教学目标的要求,从事教学活动的师生的教与学效果越好,二者具有正向相关关系。由此可见,教学环境的创建对教学效果具有重大意义。在混合式教学系统中,由于要对教学资源、教学方法、教学策略等进行混合,合适的教学环境更是呈现重要的作用。

(二)混合式教学环境

教学环境可以划分为物理环境和心理环境两个部分。物理环境主要指教室的物理空间格局状况,如教室空间规模、学生座位排布方式等;心理环境主要指班集体氛围状况、师生关系状况、生生关系状况等人际关系状况[2]。本书在探讨混合式教学环境时,将物理环境分为硬件环境和软件环境,心理环境主要从教学中师生、生生之间形成的人际关系氛围,即社会人文环境这个角度来阐释。

1. 物理环境

在混合式教学中,线下硬件环境即为现实的教室、实验室、机房中的教学设施和设备。线上硬件环境指使线上教学得以实现的技术装备条件,包括但不限于计算机硬件设备、网络设备、交互式电子白板及软件、视频采编设备等。借助上述技术装备的帮助,教师可以将自身的教学构思和设想变为现实,学生也可借助这些设备融入新的教学环境,采用全新的教学方式和手段实现学习效果的提升。

在混合式教学模式中,软件环境主要指线下硬件环境和线上硬件环境里设备中运行的各类软件资源,详见于前面"教学资源"一节所述的"传统教学资源"与"数字化教学资源"内容。

---

[1] 张振新,吴庆麟.情境学习理论研究综述[J].心理科学,2005(8).
[2] 李晶.课堂物理环境透视及其教育意蕴探析:以长春市宽城区N小学为例[D].长春:东北师范大学,2013.

2.社会人文环境

社会人文环境一般指某一社会情境下人们对事物共同的态度、观念和信仰状况,是一种无形但真实存在的社会环境。在混合式教学模式的社会人文环境中,本书主要探讨教学中的人际关系。教学活动中的人际关系问题一般可分为师生关系和生生关系两大类,下文中将从这两个方面深入探讨。

(1)师生关系是教学活动过程中存在的最主要关系之一,师生关系的和谐程度以及师生配合的默契程度直接影响教学活动的最终效果。当前的师生关系按类型划分,主要有专制型、民主型和放任型三种。

专制型的师生关系主要存在于传统的以教师为主导的课堂教学模式中。在该种师生关系中,教师作为绝对的权威主导学生的学习,学生只是被动地服从教师的要求和命令,这种师生关系并不利于学生自主性的发挥,因此并不适用于混合式教学模式。

放任型的师生关系中,教师对课堂教学过程的掌控趋于失控状态,不给予学生学习方法的指导,不对学生的行为加以限制,也不适用于混合式教学模式。

民主型的师生关系则理所当然成为与混合式教学相适应的主要师生关系。在民主型师生关系中,教师帮助学生设定学习目标,并给予学生充分的学习指导意见,引导学生自主进行学习。这与混合式教学模式所倡导的教学形式相适应。在混合式教学的背景下,民主型的师生关系更有利于学生主动探索学习的内容,提升自己的学习能力,也可使教师的教学职能和科研职能得到完美平衡,使教师有更多的精力投入到教学内容的研究与开发工作中去,使得提升自身的教学能力成为可能。

(2)生生关系是教学活动中存在的另一种主要人际关系。当前我国普遍实行的班级授课制的基础思想,就是将具有相同年龄特征和心理特征的学生编排在一起共同学习。在同龄人间,合作与竞争成了生生关系的两种最主要的表现形式。在混合式教学中,学生间的相互合作可以最大限度地减轻教师的工作压力。学生间的相互探讨和交流,可以直接消除大部分的个体学习中遇到的疑难点,这样教师在线下集中授课和答疑中便能够集中精力于学生遇到的共同疑难问题,提高教学效率。同时,学生之间的相互竞争也可以最大限度地激发学生自身的学习主动性,促进学生积极投入到教学活动中去,客观上提升学生的学习监控能力和自主学习能力。

本书将在第二章探讨"同伴互评"教学活动的开展,在第三章探讨混合式教学中的"师生交互""生生交互"问题,在第四章研究"混合式学习共同体"问题,这些都涉及混合式教学系统中教学资源的设计和利用,教师、学生的活动,师生间的交互以及混合式学习共同体中的社会人文环境问题。

第三节 高校实践性课程混合式教学实施的条件

一、制定具有实践性课程体系的专业培养方案

"实践"的含义有四个方面的要素:一是一种活动;二是改造自然和社会的活动;三是客观的活动;四是与理论相对的活动[①]。实践性课程是指贯穿着人们有意识地改造自然和社会的活动,与理论性课程相对的课程[②]。理论性课程以理论知识体系为主要内容,以理论阐释为主要方式,以学术素养发展为目标;而实践性课程以围绕主题系列活动为主要内容,以直接参与体验为主要方式,以知识探究、能力提升与职业感悟为核心,共同促进学术进步与职业能力提升,不断增强学生的创新精神、实践能力与社会责任[③]。

对于高校来说,目前越来越重视学生实践能力、创新能力的培养,这就需要在专业的培养方案中注重实践性课程的规划。通过实践性课程的开展,使学生实际动手、亲身体验并深入反思,提升学生分析问题、解决问题的能力,实现知识的迁移和运用。

在高校的专业人才培养方案中,实践性课程属于某专业课程体系的一部分。实践性课程包括两类:

一类是指与该专业课程体系中的理论性课程相对,有规范的教学大纲、教学计划,更加注重培养学生的实际动手操作能力的课程。这种实践性课程注重学生的参与、体验与反思,通过知情意行的个性化体验来完成教学。

[①] 赵敏.科学教育专业实践性课程体系框架的构建研究[D].上海:上海师范大学,2019.

[②] 刘娟.法学本科实践性课程体系的构建[D].北京:首都师范大学,2007.

[③] 吴桂翎.嵌入型:教师教育实践性课程实施路径探析[J].教师教育研究,2018(5).

另一类是高校某专业学生的专业实践训练及各类课外实践活动的课程,如:专业见习、专业研习、专业实习,或者是社会实践、校外课程实践、学生课外活动,以及科技创新活动、素质拓展的课外文化、文体与各类社团活动、毕业论文或毕业设计等。

本研究中的"多媒体课件设计与制作"就是第一类实践性课程。

只有紧跟时代的发展脉搏,着力于学生实践能力的培养,制定具有实践性课程体系的培养方案,才会有规范的实践性课程教学制度,实践性课程的实施也才会有序、有效。因此,重视实践性人才的培养,并且有规范的专业培养方案,是高校开展实践性课程混合式教学的基础条件之一。

二、教育管理部门对混合式教学改革的政策及资源支持

如本书"绪论"中所述,混合式教学在国内外无论是理论研究上还是教学实践上都进入了一个全新的深入的阶段,《美国新媒体联盟地平线报告·教与学版》(2021)认为"混合学习模式的广泛采用"是高等教育领域的重要趋势之一。高等院校应顺应教育改革的趋势,鼓励和支持教师们开展混合式教学的实践和研究。

首先,高校管理部门应出台关于混合式教学的一系列规范的文件、制度等。如对教师而言,鼓励或奖励开展混合式教学实践;对学生而言,认可混合式学习成果并计入学分。

其次,由于混合式教学还需要数字化教学资源和数字化教学环境的混合,因此高校应为教师开展混合式教学提供各类必要的数字化教学工具和平台,如 MOOC 平台的课程资源、电子白板、各种数字化的教学软件资源等。

再次,高校管理者为高校教师进行混合式教学改革研究提供资金支持,如设立专门的教学改革研究基金,开展混合式教学改革研究项目的立项和验收,以此促进教师们进行混合式教学的研究。

高校开展混合式教学,要求教学管理者在宏观层面把握教学活动的方向和进程,并为混合式教学的顺利开展提供物质和制度保障。教学管理者对混合式教学模式的支持力度,直接决定了混合式教学的开展程度和教学质量。

三、教师素质

教师作为教学工作的直接负责人,其对于混合式教学的理解程度和实践

能力直接决定了混合式教学的最终效果。如前文所述,教师应充分理解在混合式教学中角色的转变,并具有前文所述的混合式教师应具有的理论知识素养和混合式教学实践能力。

首先,教师需要对混合式教学模式有充分了解。教师需要掌握线上教学阶段的基本教学方法和教学设施的使用方法。在教学活动开始前,教师需要根据学生的实际情况精选需要学生自主学习的部分内容,并根据课程内容特点给出相应的自学指导意见,帮助学生更好地从全局把握教学活动的脉络和走向,保证学生在进入线上教学时能够具备相应的基础知识和能力。

其次,教师应当具备一定的数字化教学的能力。教师具备混合式教学实践能力后才能根据自己的教学计划和教学方案设计对应的教学内容。课堂互动环节配置是否及时得当、随堂测验能否给予学生及时的正向反馈等都考验着教师的课程开发能力和教学设计功力。

最后,在线下教学及答疑解惑环节,教师可能需要针对不同学生面临的个别问题,给出个性化的指导意见和解决方案。教师能否根据学生的固有特点给出独到的讲解方法,直接考验教师对学生的了解程度,也在一定程度上影响着学生对混合式教学模式的接受度和满意度。

混合式教学模式下的教师角色开始从课堂主导者向教学服务者过渡,学生的主体作用得到强化,学生在教师的引领和服务下进行学习活动。这样的教学模式有助于培养学生的独立意识和合作意识,可帮助学生更好地成长为独立自主的学习者。

四、学生素质

学生作为教育教学活动重要的参与者,是学习的主体。其自身的素质,如前文所述"学习心理和需求""学习策略""学习能力""信息素养""学习行为"等也直接决定着混合式教学的最终效果。

从传统教学向混合式教学过渡的过程中,学生需要经历思维方式和认知方式的较大转变,要从被动的知识接受者向主动的学习探索者过渡。

首先,学生需要具备自主学习和探索的能力和意愿。在混合式教学中,由于课前预习和线上教学部分均需要学生自主参与,因此学生的自主学习能力至关重要。学生在自主学习阶段能否做到根据教师提供的学习材料达到预定的学习目标、在学习过程中能否做到高效的自主学习监控以保证学习效率,是学生参与混合式教学的重要能力基础。

其次,学生要对自身的知识基础和能力侧重点有明确认知,这有助于学生更好地关注教学过程中的重难点内容,使线上的自主学习更有针对性。

最后,在进行线下授课和答疑时,学生能够根据自主学习的结果提出自己的问题,使学习成果更加深化。

总之,混合式教学模式对学生的学习自主性、知识和能力基础提出了较为严格的要求。

由上可知,参与教学活动的教师、学生和教学管理者三者共同协作才能使混合式教学在具备一定物质条件的基础上顺利进行。

本章小结

本章首先厘清了"混合式教学"及"混合式教学系统"的概念,进而详细介绍了混合式教学系统的要素:教师、学生、混合式教学资源、混合式教学环境。对于这些概念的理解和掌握,是下一步进行混合式教学系统设计的基础。最后,介绍了高校实践性课程混合式教学开展和实施的条件,以衡量是否能够进行混合式教学系统设计、实施,也是对混合式教学系统各要素之间关系的梳理。

第二章 高校实践性课程混合式教学设计

教学设计(Instructional Design,简称 ID)也叫教学系统设计(Instructional System Design,简称 ISD),其根本目的是通过对教学过程和教学资源所作的系统安排,创设有效的教学系统,以促进学习者的学习[1]。由第一章第一节中"混合式教学"的含义可知,混合式教学不仅仅是指教学环境的混合(线上、线下的混合),还包括在线上、线下混合的教学环境中,教师的多种教学方法的混合、教学手段的混合、教学策略的混合、教学交互的混合等。本章第一节基于混合式教学的"教学模式"本质,针对混合式教学中的"线上线下混合"首要特征,进行混合式教学的总体流程设计;第二节基于混合式教学的"教学方式"本质,针对混合式教学中的"教学方法混合""教学手段混合""教学策略混合"等特征,讨论具体的混合式教学设计。

第一节 实践性课程混合式教学总体流程设计

本节将以实践性课程《多媒体课件设计与制作》为例,从混合式教学实施之前、之中、之后三个阶段,介绍混合式教学的总体流程设计。

---

[1] 何克抗,李文光编著.教育技术学(第 2 版)[M].北京:北京师范大学出版社,2009(4).

一、教学实施之前

（一）确保混合式教学所需的教学资源

混合式教学包括线上教学（网络远程教学）和线下教学（课堂面对面教学），在课程实施之前需保证线上及线下的教学与学习资源，此处统称教学资源。教学资源指支持教与学的所有学习材料、媒体设备、教学环境以及人力资源等。此处的教学资源主要指教师教学、学生学习的客体，是一门课程知识内容和表现形式的综合。课程知识内容即教学科目，指根据一定的教学目标，该课程的基本事实、基本概念、基本原理、基本操作方式等，按照一定的逻辑——心理顺序组织构成的知识体系。其表现形式可以是以不同的媒体承载，如数字化的视频、动画、声音、文本或它们的组合形式，如纸质的印刷教学材料。

1. 线上教学资源

《多媒体课件设计与制作》是一类实践性课程，包括理论知识和实际操作。在混合式教学实施之前，其线上教学资源为"智慧树"网络平台上的《媒体课件设计与制作》教学视频。

"智慧树"网隶属于上海卓越睿新数码科技有限公司，是一个学分课程运营服务平台，能够使会员学校进行跨校课程共享和学分互认，目前会员学校近3000所，已有约1700万大学生通过该平台跨校修读并获得学分（来源于"智慧树"官网介绍）。本校作为会员学校，购买了该平台上70多门在线课程，供本校学生修读，有混合式学习和纯网络学习两种方式，合格者可以计入该生的素养教育课程学分。

该平台上《媒体课件设计与制作》教学视频是佳木斯大学孙崴教师团队制作和主讲的网络课程，2017年获批黑龙江省精品在线开放课程，2018年获批国家级精品在线开放课程。该课程的运行数据情况如图2-1-1所示。

图 2-1-1　"智慧树"网《多媒体课件设计与制作》课程的运行数据情况

该教学视频是本课程混合式教学的主要线上教学资源，教学视频界面如图 2-1-2 所示。

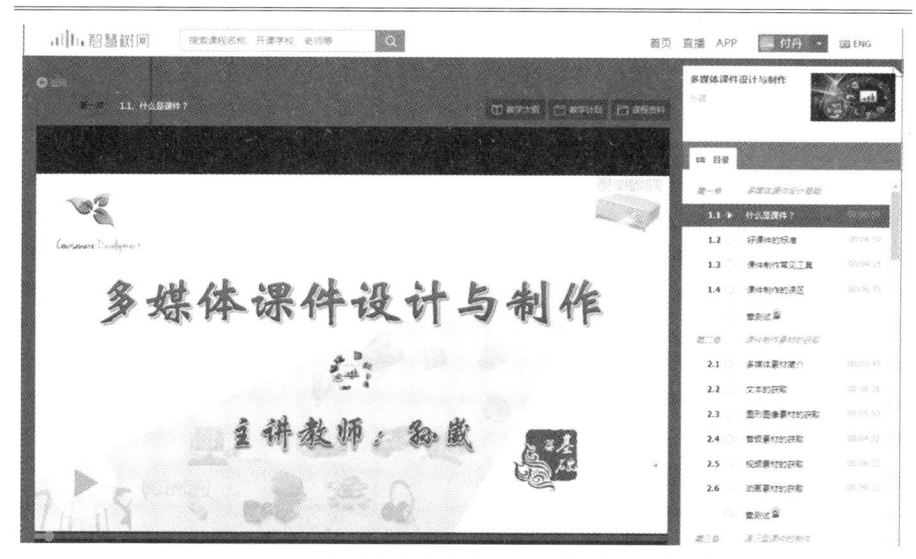

图 2-1-2 "多媒体课件设计与制作"教学视频界面

2.线下教学资源

"多媒体课件设计与制作"线下的教学资源主要包括多媒体课件制作参考书,以及项目负责人多年一线教学积累的多媒体课件教学案例。多媒体课件制作参考书有《Flash 多媒体课件制作》(李永编著,清华大学出版社,2009.10)、《Adobe Flash CS6 课件制作案例教学经典教程》(史创明、徐兆佳编著,电子工业出版社,2015.2)等。

多媒体课件的教学案例是基于本课的教学目标,结合网络教学视频以及参考书中的案例以及往年学生的优秀作品,由任课教师设计制作的符合学生基础水平、学习特点的教学案例。教学案例主要是利用 PowerPoint、动画工具设计制作的多媒体课件,分为:演示类课件,如"我们的地球""实验室制取氧气""日月潭"等;动态模拟类课件,如"运动与静止的相对性""星球运动""带电粒子在磁场中的运动""凸透镜成像原理"等;自主学习类课件,如"简谐振动时间位移图像""咏鹅""尾巴的功能""情境英语"等;游戏类课件,如"英语单词记忆""节日的英语表达"等。

(二)具有混合式教学所需的教学支持服务系统

教学支持服务系统指除了上述直接供教师和学生使用的教学(学习)资源以外的,所有能够帮助和支持教与学的软硬件资源,如媒体设备、教学环境(线上网络平台和线下机房教室)、组织管理、人力资源等。教学支持服务系统属于广义的教学资源,是促使混合式教学正常开展、达到预期教学效果所必不可缺的部分。

1.线上教学支持服务系统

混合式教学的线上教学支持服务系统主要是依据"智慧树"平台提供的各种功能和工具,包括:"见面课"模块,以直播的方式解答学生视频学习过程的疑惑;提供多媒体课件设计与制作的辅助工具下载,如图片、视频、音频处理工具等;讨论交流模块,供各个学校的学生、教师进行无障碍地讨论交流;线上学习任务发布;线上辅助学习资源发布;学习有关的信息发布;线上学习进度管理;线上学籍管理;线上成绩管理;线上作业考试;技术人员支持;等等。"智慧树"网络平台提供了以上教学支持服务的功能,如图 2-1-3 和图 2-1-4 所示:

图 2-1-3 "智慧树"平台提供的功能(旧版)　　图 2-1-4 "智慧树"平台提供的功能(在线学堂)

另外,与网络平台及网络课程无缝对接的手机 App"知到"(学生版和教师版)使学生能够随时随地进行移动学习,教师也可以随时查看学生的学习情况。

2.线下教学支持服务系统

组织管理上,学校教学管理部门支持教师利用混合式教学进行教学改革和探索,提供网络平台及网络资源,有相关专职人员负责选课协调、学籍管理、信息沟通等工作,确保线下教学正常、顺利地开展。

由于《多媒体课件设计与制作》是实践类课程,需要学生在机房动手操作,因此线下的教室为多媒体机房,机房电脑上安装多媒体课件设计与制作相关的各种软件工具。为了与网络学习接应,计算机教室保证网络畅通,且有教室教学软件如"凌波教学系统""极域电子教室系统",可以将教师的讲解屏幕广播到学生屏幕。机房有电子白板、音响等教学设备。

(三)课程教学相关文档的撰写和完善

课程相关的教学文档包括"教学大纲""混合式教学计划表""混合学习指导"等,文档要单独成文,便于在合适的教学环节或者在线呈现给学生。

1. 教学大纲

教学大纲是根据学科内容及其体系和教学计划要求编写的教学指导文件,它以纲要的形式规定了课程的教学目的、任务,知识技能的范围、深度与体系结构,教学进度和教学法的基本要求,按章节、课题和条目叙述该学科主要内容。它是进行教学工作的主要依据,也是检查学生学业成绩和评估教师教学质量的重要准则,因此,在混合式课程教学实施之前,应完善教学大纲。值得注意的是,教学大纲应符合混合教学模式中线上线下相结合的特点,进行教学法等的安排。

案例:实践性课程《多媒体课件设计与制作》的教学大纲

一、课程概况

课程编号:×××××

课程名称:多媒体课件设计与制作

课程性质:网络素养课

学时/学分:32/2

先修课程:大学计算机基础、多媒体技术基础

课程目标:使学生了解多媒体课件的概念、类型、发展历程,掌握多媒体课件设计与制作的原则、方法和流程;能够根据需要利用图片、视频、动画、音频的处理工具,获取和处理多媒体课件素材;能够利用常见的软件工具设计和制作多媒体教学软件。在教学软件的设计与制作中,能够加强创新能力和实践能力的培养;在多媒体课件的设计阶段,进行多媒体课件的教学设计、结构设计、界面设计,培养学生的设计思维,提高创新和创造能力;根据前期的设计,

利用工具软件制作出有价值的多媒体教学软件,提升学生解决实际教学问题的实践能力;能够理解多媒体课件的评价标准,并能客观准确地评价多媒体教学软件。

二、课程教学内容、学时安排

章序	教学内容(表明重点及难点)	课时(理论/实践)
第1章 多媒体课件设计与制作基础	1.1 多媒体课件概述(重点) 多媒体课件的概念、类型、发展历程 1.2 多媒体课件设计和制作的原则(重点) 1.3 多媒体课件设计与制作的流程与方法(重点、难点) 1.4 多媒体课件制作的工具(重点、难点)	4 理论
第2章 多媒体课件素材的获取和处理	2.1 多媒体素材简介 2.2 文本的获取和处理(重点) 2.3 图形图像素材的获取和处理(重点、难点) 2.4 音频素材的获取和处理(重点、难点) 2.5 视频素材的获取和处理(重点、难点) 2.6 动画素材的获取和处理(重点、难点)	8 实践
第3章 PowerPoint课件的设计与制作	3.1 PowerPoint多媒体课件的设计(重点、难点) 多媒体课件的教学设计、结构设计、界面设计 3.2 PowerPoint多媒体课件的制作(重点、难点) 根据多媒体课件的设计,在PowerPoint中对文本、图片、声音、视频和动画等多种媒体素材的制作和利用。	8 实践
第4章 微课的设计与制作	4.1 微课的设计(重点、难点) 4.2 微课的制作(重点、难点)	8 实践
第5章 多媒体课件的评价	5.1 多媒体课件评价的标准(重点、难点) 5.2 多媒体课件的评价(重点、难点)	2 理论 2 实践

三、课程教学方式

课程采用混合式教学模式,将线上网络学习和线下面对面课堂辅导结合,通过多媒体课件案例的教学,使学生掌握多媒体课件设计和制作的基本方法、基本技能,提高学生多媒体课件的设计、制作、应用和评价能力,培养学生的创新思维能力。

四、考核方式及成绩评定办法

综合成绩评定:网络平台总成绩(30%)+平时作业(20%)+期末作品(50%)

2.混合式教学计划表

此处的混合式教学计划表,是指根据教学大纲细化到具体教学中每个课时的内容时序、提交作业的内容及要求等的具体安排,在教学实施中也可以根据学生学习效果情况、法定假日等,对教学内容和教学时间安排做适当调整。

案例:实践性课程《多媒体课件设计与制作》的混合式教学计划表

周次	学时	形式	章、节、课题	讲授主要内容	布置作业	作业提交要求
1	2	线下	第1章 多媒体课件设计和制作基础	1.混合学习方式及要求(具体见《混合学习指导手册》),讲解课程学习要求,演示课程学习的操作方式。2.多媒体课件的概念、类型、发展历程;多媒体课件设计和制作的原则。	结合教师发布的学习资料,学习"智慧树"网络视频第1章内容。	
2	自定	线上	第1章 多媒体课件设计与制作基础	1.多媒体课件设计与制作的流程。2.多媒体课件制作的工具。3.多媒体课件赏析。	1.结合教师发布的学习资料,学习"智慧树"网络视频第2章内容。2.自选主题,思考多媒体课件的教学设计、结构设计、界面设计。	多媒体课件的设计作业于第7周课堂讨论、反思。

— 53 —

续表

周次	学时	形式	章、节、课题	讲授主要内容	布置作业	作业提交要求
3	2	线下	第2章 多媒体课件素材的获取和处理	1.多媒体素材简介。2.文本的获取和处理。3.图形图像素材的获取利用,Photoshop处理图像素材的基本方法。	1.学习网络视频第3章3.1—3.23的内容。2.跟随网络视频学习文字、图片处理的操作练习。3.练习利用Photoshop处理图像素材。	1.将网络视频中3.1—3.23的实例制作出来,以一个PPT文档的形式提交。2.提交方式:机房统一提交,或"智慧树"网"在线学堂"中自己所在班级的"作业考试"模块中提交。3.截止时间为第9周上课前。
4	自定	线上	第2章 多媒体课件素材的获取和处理	1.音频素材的获取。2.视频素材的获取。	1.学习网络视频3.24—3.34的内容。2.选择性地使用教师发布的音视频资源、音视频处理软件,练习音视频的处理。	1.处理好的图像文件,格式不限。2.处理好的音、视频文件,格式不限。3.提交方式同上。4.截止时间为第7周上课前。
5	2	线下	第2章 多媒体课件素材的获取和处理	1.动画素材的获取。2.辅导利用音视频处理工具处理音视频;讲解利用动画软件制作动画的基本操作。	1.学习网络视频3.35—3.49的内容。2.利用PPT和动画软件制作动画。	1.提交动画制作的作业。2.提交方式同上。3.截止时间为第7周上课前。

续表

周次	学时	形式	章、节、课题	讲授主要内容	布置作业	作业提交要求
6	自定	线上	第2章 多媒体课件素材的获取和处理	第2章图像、音频、视频、动画素材处理的学习中出现的问题及经验总结、讨论和反思。	网络讨论,方式为班级群聊、视频会议,或"智慧树"网的课堂讨论模块。	
7	2	线下	第3章 PowerPoint课件的设计与制作	1. PowerPoint多媒体课件的设计。讲解多媒体课件的设计范例。 2. 学生多媒体课件设计作业的评析、讨论。	反思、修改、完善自己的作业。	1. 提交修改后的设计作业。 2. 提交方式同上。 3. 截止时间为第10周上课前。
8	自定	线上	第3章 PowerPoint课件的设计与制作	1. PowerPoint多媒体课件的制作。 2. 讲解示范PowerPoint动画制作技巧、触发器的使用、多媒体的使用等。	练习相关案例。	
9	2	线下	第3章 PowerPoint课件的设计与制作	PowerPoint多媒体课件的制作:利用PowerPoint工具制作多媒体课件。	根据前期的多媒体课件设计,利用PowerPoint制作课件。	

续表

周次	学时	形式	章、节、课题	讲授主要内容	布置作业	作业提交要求
10	自定	线上	第3章 PowerPoint课件的设计与制作	PowerPoint多媒体课件的制作：利用PowerPoint工具制作多媒体课件。	根据前期的多媒体课件设计，利用PowerPoint制作课件。	1.创建名为"学号＋姓名＋主题"的文件夹。将PowerPoint多媒体课件与修改后的设计作业一起放到该文件夹。 2.提交方式同上。 3.截止时间为第10周上课前。
11	2	线下	第4章 微课的设计与制作	微课的设计：讲解微课的教学设计、结构设计、界面设计。案例：《好宝宝有礼貌》《桃花源记》《角的认识》《"中"字的演变》。	对于教师课堂教学中提供的微课案例，讨论其设计上的优势和需要改进的地方。	
12	自定	线上	第4章 微课的设计与制作	微课的设计：讲解相关案例	1.完成线上学习：4.9—4.16。 2.自选主题，进行微课的设计（教学设计、结构设计、界面设计）。	1.提交完成的课堂练习。 2.提交方式同上。 3.截止时间为第13周上课前。

第二章　高校实践性课程混合式教学设计

续表

周次	学时	形式	章、节、课题	讲授主要内容	布置作业	作业提交要求
13	2	线下	第4章 微课的设计与制作	微课的制作:讲解微课常用工具的使用。	1.练习课堂案例。2.自选主题,根据微课设计方案,进行微课的创作。	1.提交完成的课堂练习。2.提交方式同上。3.截止时间为第14周上课前。
14	自定	线上	第4章 微课的设计与制作	微课的制作。	综合利用合适的软件工具,根据微课设计,进行微课的制作。	1.微课作品以"学号+姓名+主题"为文件名。2.提交日期和方式:第17周,线下机房通过网络教学软件从学生机提交至教师机。
15	2	线下	第5章 多媒体课件的评价	依据多媒体课件设计和制作的评价方法和标准,进行多媒体课件的案例分析。	1.讨论相关案例,评价多媒体课件案例。2.微课的创作。	同上。
16	自定	线上	第5章 多媒体课件的评价	学生自选主题,根据设计方案,进行微课的创作。教师答疑,线上讨论。	微课的创作。	同上。
17	2	线下	期末考试	提交期末作品。	提交期末作品。	机房通过网络教学软件从学生端口提交至教师机。

3.混合学习指导

对于很多学生来讲,混合式学习还是一种新型的学习方式。一些需要注意的问题,如网络学习的各种操作、遇到问题的解决方式、数字交互礼仪、成绩评定等在正式学习之前应明确告知每一位学生。一个比较好的、规范的方式就是制作《混合学习指导手册》文档,发送给每一位学生。

案例:实践性课程《多媒体课件设计与制作》的混合学习指导手册

本指导手册是从任课教师的角度,针对混合式学习的开展、课程教学的实际需要,向学生阐明的事项。学生据此文档能够了解混合学习的过程及要求。

一、混合学习前须知

(一)混合式学习的过程

混合式教学是指线下教学(课堂面对面教学)和线上教学(网络远程教学)结合的教学模式。本课程共16周,每周2学时。每个单周在线下机房上课,其余时间自己安排网络学习或练习多媒体课件相关案例。网络学习可以通过"智慧树"网站的页面进行,也可以通过手机App"知到"进行移动学习。通过学院申报,教务处审批之后,学生就可以获得"智慧树"网或"知到"App学习账号,选择课程和班级进行学习。详见学校发布的《"智慧树"报到学习手册》。

(二)"智慧树"网或"知到"App的操作

见"智慧树"网站上的"学生帮助文档",以及学校相关工作人员录制的《听课指南视频》。

(三)课程的考核方式

综合成绩评定:网络平台总成绩(30%)+平时作业(20%)+期末作品(50%)。

网络平台总成绩的评定方式为:平时成绩40%(学习进度成绩:20%,学习行为成绩:20%)+章测试成绩10%+见面课成绩0%+期末考试成绩50%,这部分成绩由网络平台计算得出。学习行为成绩的计算见"智慧树"网站相关说明。

平时作业(20%)指线下课堂面对面教学过程中,教师布置的课件设计、制作等实践练习的成绩。期末作品(50%)指线下教师在期末要求提交的多媒体课件作品得分。评分标准见《期末课件评分标准》。

(四)阅读教学文档

阅读教师发布的《教学大纲》《混合教学计划表》等文档,了解本课程的学习内容、学习方式及进度安排,以规划好自己的学习。

二、混合学习过程中的要求

(一)课前

参考《教学计划表》,查看网站上"学习任务""学习资源""问答讨论"模块,按计划进行预习、网络学习、讨论问题。

(二)课中

按教师教学要求(线下课堂教学、"在线学堂"教学、"钉钉"教学群)进行听讲、上机操作、讨论问题等学习活动。

(三)课后

参考《教学计划表》,查看网站上"学习任务""学习资源""作业考试""问答讨论"模块,按计划进行网络学习、讨论问题,或者按要求提交作业。注意作业内容、作业形式、提交期限等。

三、注意事项

1. 注意网络礼仪,网络交流用语文明,拒绝网络暴力,不刷贴灌水。

2. 注意上网安全,妥善保管好自己的账号密码。

3. 遇到技术问题及时求助,如登录障碍、学习进度不更新、发帖不显示等,可以咨询"智慧树"客服人员,联系方式见网站。

4. 本《混合学习指导手册》将发布在"智慧树"网在线学堂的"学习资源"模块、"钉钉"教学群、QQ 教学群。

(四)准备工作的检查

以上准备工作做好以后,还要做进一步的检查,确保混合式教学能够顺利进行。检查可以是主管部门进行,对教学大纲、教学计划、讲义等进行审阅,提出完善建议;也可以请进行混合式教学的同事对教学资源、教学支持服务系统、教学文档进行评估;还可以是自我检查和评估以上各项是否完备。

二、课程实施中

（一）让学生了解混合学习的流程和要求

教师将《混合学习指导手册》《教学大纲》和《混合式教学计划表》发送给每一位学生，使学生了解混合学习的内容、方法、流程、要求、注意事项等。将每个文档上传至网络，供学生随时查看。必要的时候教师在线下的第一节课堂上花费20分钟左右，给学生当面介绍各文档的内容和要求。

（二）师生应执行已建立的教学程序

教师和学生应按照课程计划、教学大纲、教学时间计划来执行教和学活动。其中教师处于主导地位，应注意对学生学习的引导和辅助，提升学生的学习效果。

（三）加强混合式学习中的交互

学习交互是教学过程中非常重要的环节，是影响教学效果的关键因素之一。传统线下面对面的课堂教学中，教师通过提问、小组教学、开展讨论活动等促进师生、生生之间交流是比较常见的方式，而在线上学习，师生、生生在时空上处于彼此远离状态，学习交互远没有面对面时方便，这一直是远程教育中需要重点解决的问题。

"智慧树"网的"在线学堂"为师生交互提供了很多平台，如建立翻转课堂（如图2-1-5所示已创建的线上翻转课堂），在线上及线下都可以通过该端口进行教学，交互的方式也较为多样，如课程问答（见图2-1-6）、讨论、投票、群聊等。

图 2-1-5　创建的线上翻转课堂

第二章　高校实践性课程混合式教学设计

图 2-1-6　问答模块

另外,"知到"App,也为师生、生生随时随地的远程交互提供方便。

由此可见,远程教学交互的硬件环境已经较为便利和快捷。但是,教学交互的效果以及对学生创新思维的培养,却与教师是否较好地利用这些交互环境,以及是否能根据教学实际精心设计交互策略并实施有关。

(四)教师定期获取学生学习反馈信息

由于有一半的教学(学习)时间是发生在线上,教师应随时把握学生线上学习的情况,即获取学习反馈信息。可以采用翻转课堂的形式,在线下课堂教学中通过问答、讨论、学生操作、学生作品互评等方式,定期获取线上学习的反馈信息。

教师还可以通过查看网络平台上的"教学进度"(见图 2-1-7),了解学生的学习进度情况,发现非正常进度的学生并给予引导。对于进度太慢的学生,应给予督促;对进度太快的学生,如三五天就将大部分视频观看完毕,有可能存在"刷课"的现象,不利于学习内容的消化和吸收,则应及时提醒其纠正学习习惯。也可以通过查看学生网络平台上"章节测试"中的成绩情况(见图 2-1-8),获得某章节全班学生的测试情况,点击"详情"查看某一位学生的测试详细情况,从而获取学生学习反馈信息。同时,还应在线下课堂上,观察学生上机操作的情况以及学生提交的作业,获取教学反馈信息。

教师根据反馈信息及时为学生答疑解惑,从着重培养学生创新思维的角度,调整教学进度。若需要调整课程程序,应及时告知学生,同时将更新的《混合式教学计划表》发送给学生,上传至网络。

(五)及时向同行求助,接受教学评估

教师在混合式教学过程中遇到问题,应及时向有关人员求助。如机房网络问题、"智慧树"网络平台相关问题,可以寻求相应负责人士帮助解决,以免耽误教学进度;若是课程内容问题、学术问题,可以与同行、同事讨论解决;同时,还应接受教学主管部门的监督和评估,听取建议,以提高混合式教学的效果。

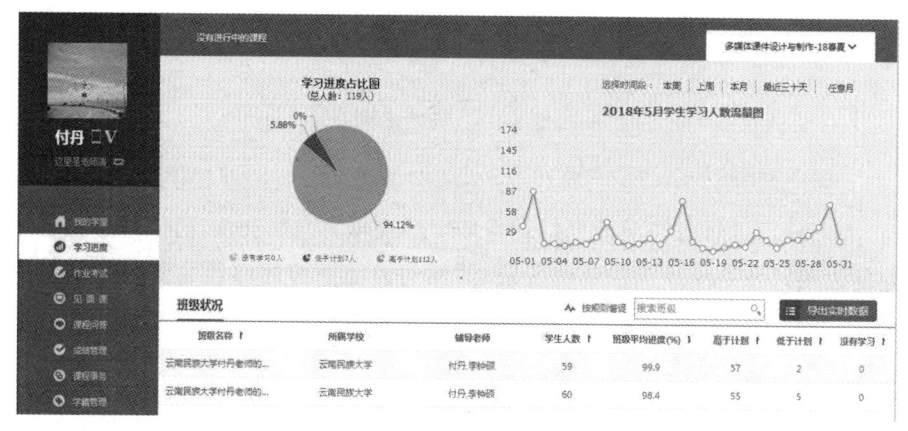

图 2-1-7　学习进度信息

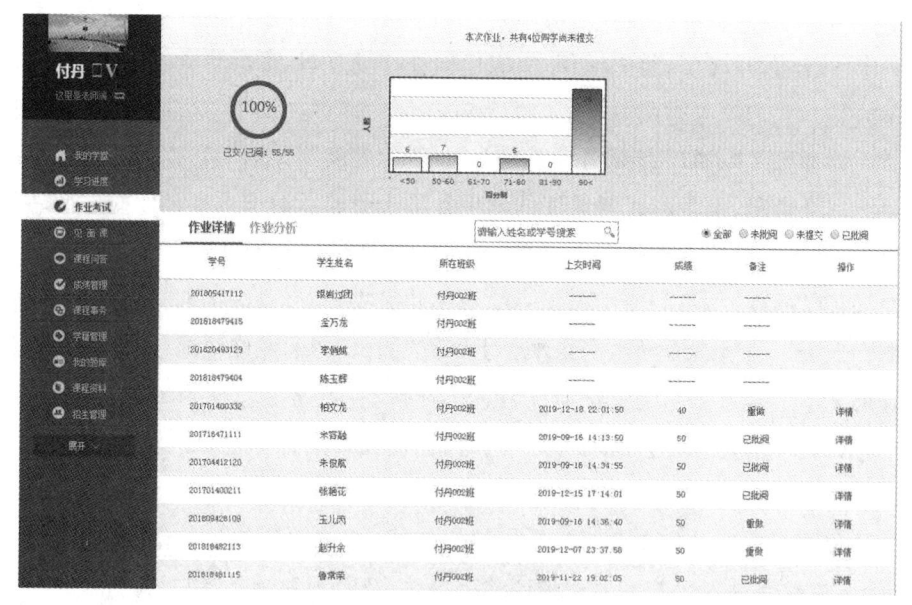

图 2-1-8　章节测试信息

三、课程实施后

(一)审阅学生作业作品

在每一段教学结束后,都要及时批阅学生线上、线下的作业,分析学生的

第二章　高校实践性课程混合式教学设计

学习情况。学期结束时，审阅学生提交的多媒体课件作品，按照评分标准进行评分。注重学生作品的原创性，如画面的设计是否具有新颖性、别具一格，课件教学设计是否在符合学科内容逻辑的基础上做出创新的安排等，体现对学生创新思维的关注。

（二）整理所有教学材料

对该期混合式教学产生的教学材料进行整理、备份。如教学文档的整理和修改，多媒体课件教学案例的优化，线上学生学情数据的整理和分析等。

（三）反思

根据学生作业作品、学情数据，以及同行或督导的建议，教师反思自己混合式教学的规划、教学的实施过程，创建优化的课程计划、教学大纲、混合式教学计划表，根据实际情况调整教学的实施，为下次的授课做准备。

四、总体流程

由以上实践性课程混合式教学的总体流程设计，总结如图 2-1-9 所示：

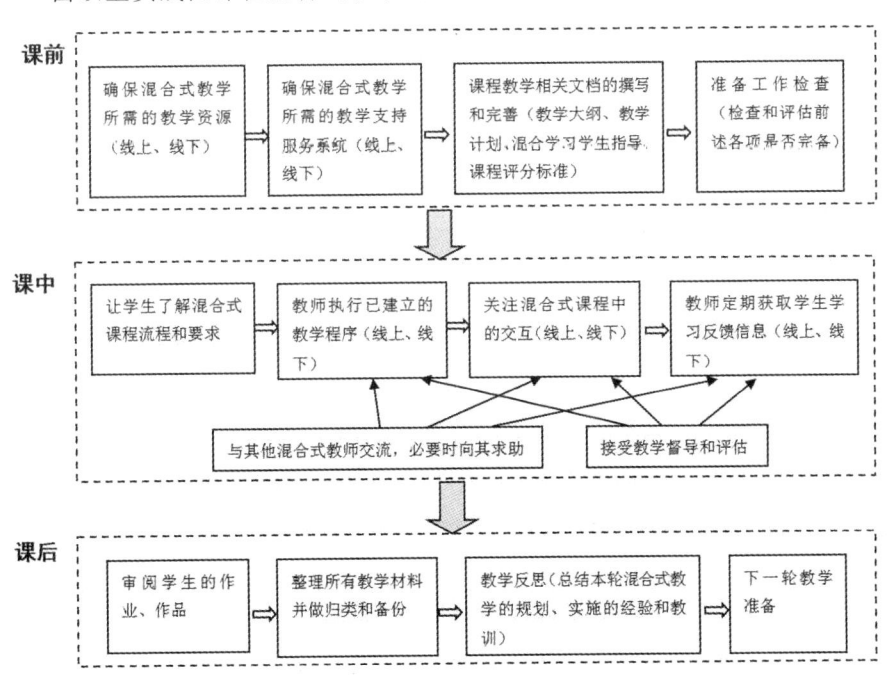

图 2-1-9　实践性课程混合式教学的总体流程

第二节　高校实践性课程混合式教学设计

一、混合式教学系统分析

为了更好地开展混合式教学设计及实践，前期需要对混合式教学系统进行分析。本节以实践性课程《多媒体课件设计与制作》的混合式教学为例，从课程教学内容、课程教学目标、参与混合式学习的学生、混合式教学中的教师、混合式教学环境、混合式教学资源几个方面，进行混合式教学系统分析。其中，混合式教学环境、混合式教学资源作为混合式教学的基本物质条件，在本章第一节的总体流程设计中已做分析，本节不再赘述。以下主要对实践性课程教学内容、教学目标、混合式教学对象（学生）情况进行详细分析。

（一）教学内容分析

《多媒体课件设计与制作》课程性质是全校通选课程，属于素养课。教学内容分四个依次递进的部分：一是多媒体课件设计与制作基础知识，包括多媒体课件的概念、多媒体课件设计与制作的原则；二是多媒体课件的设计（教学设计、结构设计、界面设计）；三是多媒体课件的制作；四是多媒体课件的评价。

第一部分内容，需要学生理解多媒体课件的概念、使用情境，从自身体验出发知道什么样的多媒体课件是有价值的。在这个过程中，需要学生进行新旧知识之间的整合，建构出对多媒体课件的深入理解，在后期多媒体课件设计与制作实践中，能够自主选择信息，对基础知识进行迁移、创新运用。

第二部分内容，在教师讲解实例、师生讨论的基础上，掌握多媒体课件教学设计、结构设计、界面设计的基本方法，并能自主设计多媒体课件。在这个过程中，需要学生以前两部分的知识为基础，自选学科知识内容。要鼓励学生创造性地设计课件的教学过程、课件的结构和课件的界面。这是一个任务驱动的学习过程，关注知识的理解和技能创新运用的能力，重视学生创新思维的培养。

第三部分内容，将多媒体课件的设计进行实践，即制作多媒体课件。要求学生理论联系实际，利用多媒体素材处理工具、多媒体课件制作工具，自己动手操作。以理论知识和多媒体课件设计与制作的技术性的实践任务为依托，学生在具体的情境中实现自己的前期设计,并在此过程中进一步提升创新思维活动的兴趣,提高创新能力。

第四部分内容,多媒体课件的评价。学习多媒体课件的评价标准,理解多媒体课件作品的"教学性""技术性""艺术性"以及"创新性"维度在评价标准中的含义、所占比重及原因。

(二)教学目标分析

本课程教学目标分为知识技能目标、情感态度目标、培养创新思维三个方面。

1. 知识技能方面

使学生了解多媒体课件的概念、类型、发展历程,掌握多媒体课件设计与制作的原则、方法和流程;能够根据需要,利用图片、视频、动画、音频等多媒体处理工具,获取和处理多媒体课件素材;能够利用常见的软件工具,设计和制作多媒体课件。

2. 情感态度方面

通过本课程的学习,在学生掌握多媒体课件设计与制作相关知识技能的基础上,提高学生尤其是文科类专业的学生对信息技术的学习兴趣。培养大学生对计算机类作品的鉴赏能力,提升参加计算机作品类比赛的积极性和制作计算机作品的质量。

3. 创新思维培养方面

如前所述,本课程三大部分内容是环环相扣的,每一个部分都注重学生创新思维的培养,尤其在多媒体课件设计和制作环节,以任务驱动的方式,让学生自主探究,搜集和处理素材,设计多媒体课件的教学、课件的结构、课件的界面,并将其实现,在此过程中提升创新思维能力。

(三)混合式教学对象分析

对参与混合式学习的学生情况进行分析,目的是深入了解教学对象的特点,从而进行更有针对性的教学活动设计。研究采用问卷调查的方式,以实践性课程《多媒体课件设计与制作》为例,了解参与该混合式课程的高校大学生的特点,为后期设计、实施混合式教学提供基础,体现混合式教学"以学生为中心"的理念。

1. 调查的设计和实施

本研究采用了问卷调查的方式了解混合式教学对象的特点,设计了《多媒体课件设计与制作》混合式教学下学生情况调查问卷(见附录 1)。调查问卷的设计参考了现有的理论研究,对各个大的维度所涉及的概念进行详细分析,以尽可能更好地把握各概念的内涵,在此基础上,再细化设计各个维度的子维度(如表 2-2-1 的"维度"和"子维度")。结合"混合式学习环境"的研究背景,通过具体的题项来考察高校大学生的特点。

调查问卷的第一部分为学生的基本信息,包括性别、民族、年级、专业;第二部分为大学生对混合式教学的了解,包括对混合式教学的认识、态度、体验(A1－A4);第三部分为大学生的特点,包括学习心理特点(B1－B5)、混合式学习策略(C1－C5)、创新思维情况(D1－D7)、信息技术基础(E1－E4)、多媒体技术基础(F1－F5)五大维度。调查问卷的维度如表 2-2-1 所示。

表 2-2-1 《高校实践性课程混合式教学下学生情况调查问卷》的维度

维度	子维度	题项编号	题型
基本信息	性别、民族、年级、专业	1－4	单选题
对混合式教学(学习)的了解	对混合式教学(学习)过程的了解	A1、A2	多选题
	对混合式教学(学习)的态度	A3	排序题
	对混合式教学(学习)的体验	A4－1、A4－2、A4－3、A4－4、A4－5、A4－6	单选题
学习心理特点	认知(注意力、知觉、记忆、逻辑思维、想象)	B1	单选题
	学习动机(内部动机、外部动机)	B2、B3、B4、B5	单选题
混合式学习策略	笔记策略、组织策略、元认知策略、寻求帮助策略、资源利用和环境管理策略	C1－C5	单选题
创新思维情况	创新思维	D1－D4	单选题
	创新实践能力	D5－D7	单选题
信息技术基础	搜索信息能力、办公软件的使用、交流软件的使用、网络课程平台及软件的使用	E1－E4	单选题

(续表)

维度	子维度	题项编号	题型
多媒体技术基础	图像、音频、视频、动画的处理技术	F1—F5	单选题

课题组分别于2019—2020学年第二学期、2020—2021学年第一学期实施了问卷调查，调查对象是参与《多媒体课件设计与制作》混合式课程学习的Y大学的学生，调查的方式是利用"问卷星"进行网络填写。为了提高网络调查时学生填写问卷的认真度，两次调查都是教师在该课程第1周上课时专门预留15分钟的时间，指导学生集中填写问卷。

第一次调查的对象是2019—2020学年第二学期《多媒体课件设计与制作》混合式课程的2个教学班的学生，共65人，从调查结果看，有57人填写了网络问卷，有效问卷55份；第二次调查的对象是2020—2021学年第一学期《多媒体课件设计与制作》混合式课程的2个教学班的学生，共72人，有效问卷为63份。两次有效问卷调查的教学对象数共为118人，人数的覆盖率为86.1%，能够较全面地了解教学对象的情况。

2.混合式教学对象的基本情况

调查对象的性别比例情况如表2-2-2所示，118人中，男生占47.5%，女生占52.5%，总体上男女比例基本持平。年级分布情况如表2-2-3所示，大二的学生占比最多，为84.7%，大一学生占11%，大三、大四共占4.3%。大三大四的学生一般在大一大二时修够了素养课的学分，所以大三和大四的学生人数较少；由于第二次调查为学年的第一个学期，根据该校教务规定，大一上学期学生不能选修素养课，因此该表中大一学生都是第一次调查获取的数据，人数也较少。

表2-2-2 性别分布情况

性别	人数	百分比
男	56	47.5
女	62	52.5
合计	118	100

表 2-2-3 年级分布情况

年级	人数	百分比
大一	13	11
大二	100	84.7
大三	4	3.4
大四	1	0.9
合计	118	100

学科专业分布情况如表 2-2-4 所示,文科类的居多,占一半以上,艺术类占 22.9%,理工类占 21.2%。

表 2-2-4 专业分布情况

专业	人数	百分比
哲学、历史学、文学	24	20.3
法学、经济学、管理学、教育学	39	33.1
艺术学	27	22.9
理学、工学	25	21.2
农学、医学	3	2.5
合计	118	100.0

民族分布情况如图 2-2-1 所示,汉族和彝族最多,分别 60 人、22 人,其他民族包括白族、回族、佤族、傈僳族、阿昌族、壮族、瑶族、普米族、景颇族、纳西族、傣族、苗族,教学班具有多民族混合的特点。

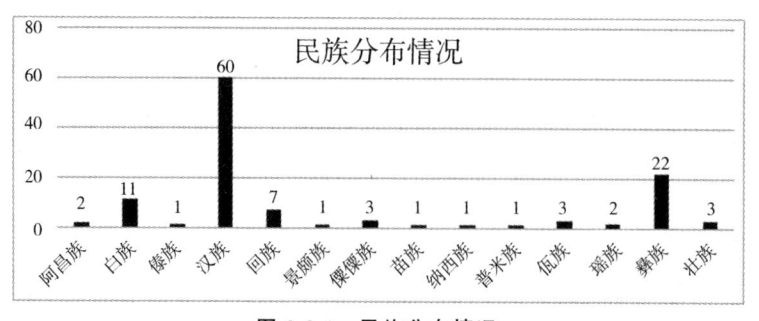

图 2-2-1 民族分布情况

3.参与实践性课程混合式学习的学生特点分析

"高校学生特点"分为5个大维度,为了方便计算得分,每个题项的答案采用了五点里克特形式。下文对结果进行分析和描述时,将部分题目的"完全符合"和"部分符合"的选项归为"积极的",将"不确定""不完全符合"和"完全不符合"的选项归为"消极的"。

(1)学习心理特点。

本调查主要是从学习动机(B2、B3、B4、B5)来考察学生的学习心理特点,还包括了创新思维的基础——逻辑思维的认知特点的题项(B1)。调查数据汇总,如表2-2-5所示。

表2-2-5 "一般学习心理特点"维度百分比统计

	B1(%)	B2(%)	B3(%)	B4(%)	B5(%)
完全符合	6.8	20.3	20.3	17.8	19.5
部分符合	61.0	47.5	47.5	60.2	50.0
不确定	24.6	16.1	17.4	17.8	22.0
部分不符合	7.6	12.7	6.8	4.2	6.8
完全不符合	0	3.4	8	0	1.7
合计	100.0	100.0	100.0	100.0	100.0

从调查数据来看,有61.0%的学生认为自己思考问题时结构较为严谨,逻辑较为清晰(B1),还有6.8%的学生认为自己的严谨性、逻辑性很强,但也有24.6%的学生不能确定自己这方面的情况,7.6%的学生认为自己的严谨性、逻辑性较弱。在学习动机方面,有20.3%的学生认为自己"有明确的人生理想、奋斗目标和价值追求"(B2),47.5%的学生自我报告为"部分符合",余下的约三成的学生自我报告为理想和目标模糊或缺失。关于"学习对我未来的职业规划和发展方向影响很大"(B4)的问题,有共约78%的学生具有较为清晰的认识,然而还有共约22%的学生对此认识是模糊的及不清晰的。觉得"学习成绩优异可以获得别人对我的认可"(B5),有共约69.5%的学生持认可的积极态度,22%的学生持不确定态度,8.5%的学生持反对态度。关于求知欲(B3),分别有20.3%、47.5%的学生自我报告为强和较强,还有32.2%的

学生认为自己求知欲较弱,持消极态度。

由上可知,对于学习动机,无论是内部学习动机(求知欲),还是外部学习动机(人生目标、职业规划、他人认可),大部分学生对自己的评价还是正面的、积极的,这为混合式课程教与学的顺利开展奠定了基础。不过,还是有少部分学生是消极的,其中的原因应探析,并在教学中有针对性地改善这种状况。

(2)创新思维情况。

关于学生的创新思维情况,是从思维的新颖性(D1)、灵活性(D2)、全面性(D3)、独特性(D4)来考察的。调查数据汇总,如表2-2-6所示。

表2-2-6 "创新思维情况"维度百分比统计

自我报告项	D1(%)	D2(%)	D3(%)	D4(%)	D5(%)	D6(%)	D7(%)
完全符合	12.7	23.7	18.6	11.9	18.7	12.7	8.5
部分符合	47.5	56.8	60.2	32.2	55.9	44.1	40.7
不确定	31.4	14.4	17.8	27.1	18.6	22.0	33.9
部分不符合	8.4	5.1	3.4	23.7	6.8	16.1	14.4
完全不符合	0	0	0	5.1	0	5.1	2.5
合计	100.0	100.0	100.0	100.0	100.0	100.0	100.0

调查数据表明,大部分学生自我报告具有这四个方面的创新思维品质,基本都达到60%以上,也有20%左右的学生表示不确定。对于创新活动的实践,"当新颖的想法产生时,我会尝试用它解决问题或者设计作品"(D5),74.6%的学生自我报告是积极的;对于"参加学校或者其他组织开展的创新性实践课程或比赛项目"(D6)的主动性,自我评估积极的学生数有所下降,占56.8%,还有近半数的学生自我报告为"不确定""不积极"。关于"自己的创新作品或任务的独特性被别人认可"(D7)的积极报告仅为49.2%,可见有超过一半的学生认为自己的创新作品不被认可,或许也隐含着"自己不认可",认为自己还有提升的空间。

由此可知,大学生对于自己创新思维品质的评估大多数是积极的,但是参与学校相应的创新实践活动的积极性却与自我的评估不那么匹配。这可能需要采取措施激发学生动手实践的积极性,多为学生提供创新实践的机会。

(3)混合式学习策略。

混合式学习策略是通过在混合式课程学习中的笔记策略(C1)、要点策略(C2)、思维导图或知识框架策略(C3)、资源管理策略(C4)、努力策略(C5)来考察的。调查数据如表2-2-7所示：

表 2-2-7 "混合式学习策略"维度百分比统计

自我报告项	C1(%)	C2(%)	C3(%)	C4(%)	C5(%)
完全符合	11.0	11.9	10.2	12.7	19.5
部分符合	50.8	64.4	40.7	49.2	59.3
不确定	23.7	16.1	28.8	20.3	18.6
部分不符合	13.7	6.8	16.9	16.1	1.8
完全不符合	0.8	0.8	3.4	1.7	0.8
合计	100.0	100.0	100.0	100.0	100.0

调查数据显示，自我报告具有笔记策略的占61.8%，具有要点策略的占76.3%，具有框架策略的占50.9%，具有资源管理策略的有61.9%，具有努力策略的有78.8%。可见，学生的学习策略中，除了"知识框架策略"的积极自我评估和消极自我评估比例大抵持平，对于其他四个方面的学习策略，学生的积极自我评估占比较高。但值得注意的是，还有近三成的学生是缺乏学习策略的。

(4)信息技术基础。

与本实践性混合式课程《多媒体课件设计与制作》相关的信息技术能力，主要包括搜索信息能力(E1)、交流软件的使用能力(E2)、网络课程平台及软件的使用能力(E3)、混合式网络教学平台的使用能力(E4)。调查数据汇总如表2-2-8所示。

表 2-2-8 "信息技术基础"维度百分比统计

自我报告项	E1(%)	E2(%)	E3(%)	E4(%)
完全符合	28	34.1	26.8	28
部分符合	55.5	52.3	51.1	53.3
不确定	10.5	5.9	11.7	10.2

(续表)

自我报告项	E1(%)	E2(%)	E3(%)	E4(%)
部分不符合	6	1.7	3.4	8.5
完全不符合	0	6	7	0
合计	100.0	100.0	100.0	100.0

数据表明,学生对"百度""谷歌"等搜索引擎、网络交流软件,以及"钉钉""腾讯会议""智慧树"等远程学习平台都较为熟悉,于表中前两行"完全符合""部分符合"选项的百分比可见一斑。不过,每项有少部分学生(约18%左右)选择"不确定""不符合"。

(5)多媒体技术基础。

与本实践性混合式课程《多媒体课件设计与制作》相关的多媒体技术基础包括图像(F1)、音频(F2)、视频(F3)、动画(F4)的获取及处理技术,以及利用PowerPoint软件整合多媒体的技术(F5)。调查数据汇总如表2-2-9所示。

表2-2-9 "多媒体技术基础"维度百分比统计

自我报告项	F1(%)	F2(%)	F3(%)	F4(%)	F5(%)
完全符合	17.8	6.8	8.5	11.9	9.3
部分符合	25.4	52.5	22.0	32.1	54.3
不确定	17.8	16.1	21.2	17.8	22.0
部分不符合	27.1	16.1	36.4	29.7	11.0
完全不符合	11.9	8.5	11.9	8.5	3.4
合计	100.0	100.0	100.0	100.0	100.0

由上表数据表明,学生对PowerPoint软件的使用技术要稍微熟悉一些。关于图像、音频、视频、动画这四类多媒体的获取和使用能力,对选择"部分不符合"和"完全不符合"的百分比相加,这四类多媒体的数据分别是39%、24.6%、48.3%、38.2%,并且选择"不确定"的比例相对其他维度而言也较高。由此可见,占比不小的学生并不熟悉多媒体技术,因此在课程内容上要对多媒体技术多安排一些学时,加强多媒体处理技术的教学,这是后期制作多媒体课

件的基础。

(6)高校大学生特点的性别、民族、学科差异分析。

综合两次调查对象的基本情况,男女人数基本持平,年级多集中于大二,是多民族混合的教学班级,其中包括云南特有的少、小民族。对学生性别做学习心理特点、创新思维情况、学习策略、信息技术基础、多媒体技术基础五大维度的独立样本 T 检验,结果发现,男女同学在这五个方面无显著差异。同样方法,发现不同民族(汉族、其他民族)在这五个方面也无显著差异。

调查问卷中的学科划分是:哲学、历史学、文学、法学、经济学、管理学、教育学、艺术学、理学、工学、农学、医学、军事学。由于分析的需要,将学科进一步简化为文科、理科、艺术学。之所以将艺术学单独列出,是因为本课程《多媒体课件设计与制作》需要画面审美、设计能力,艺术修养也是本课程的重要能力基础,本研究试图分析艺术专业的学生是否具有不同的特点。

对文科、理科、艺术学学科两两分组,做学习心理特点、创新思维情况、学习策略、信息技术基础、多媒体技术基础五大维度上的差异分析。结果表明,文科、理科在五个维度上均为无显著差异;理科、艺术学学科的学生在"多媒体技术基础"维度上存在显著差异,艺术学学生在该维度上的均值小于理科学生,而值越小,表明水平越高,即艺术学的学生的多媒体技术基础要显著高于理科学生,这可能与其专业课中有图像、声音、视频、动画处理的课程有关。理科学生和艺术学的学生在其他四个维度上没有显著差异。

文科学生和艺术学的学生在"一般学习心理特点""创新思维情况""信息技术基础"维度上没有显著性差异,而在"混合式学习策略"和"多媒体技术基础"维度有显著差异。艺术学的学生在这两个维度上的均值小于文科学生,表明艺术学的学生"混合式学习策略"和"多媒体技术基础"上要显著高于文科学生。

(7)对混合式学习的认识和态度。

首先,调查了参与混合式学习之前学生对混合式学习的了解情况。数据表明,只有16.1%的学生熟悉混合式学习的学习过程,有41.5%的学生大概知道混合式学习的学习过程;还有32.2%的学生只是听说过混合式学习,但不知道具体的学习过程;还有10.2%的学生从未听说过混合式学习。由此可见,近半数的学生对混合式学习的学习过程是不了解的。对混合式学习的了解途径中,有72.0%的学生是通过学校或学院的相关通知而得知,有66.1%的学生是参与混合式学习时由任课教师告知,可见学生在学校、教师、课堂之外对混合式学习了解不多。因此,撰写《混合式学习指导手册》并提供给学生是有必要的。

其次,调查了学生对混合式学习的态度。对于"选择混合式学习的原因",排在第一位的是"混合式学习有一半的学时在线上进行,比较自由",排在第二位的是"对混合式学习的学习方式好奇,想体验"。可见,目前混合式学习对学生的最大吸引力在于其学习方式上的新颖性。而认可"课程内容有帮助""网上资源丰富"排在学习方式之后,"能够与其他院校学生交流"也不是学生选择混合式学习的主要原因。将"本校混合式学习是素养课(通识课),要求不高,获得学分比较容易"的选课原因排在后面。另外在"对混合式的学习认真程度"的调查中,有72%的学生认为自己很认真或比较认真,还有28%的学生觉得由于是非专业课,自己还是有应付的态度。这两项调研数据说明大多数学生对该课程的学习态度还是较好的,但还是有接近三成的学生只是为了拿学分而应付课程学习。

综合以上问卷调查的结果,可得出以下结论。

其一,参与本实践性课程混合式学习的学生,在学习动机、创新思维、学习策略、信息技术和多媒体技术上,大部分的自我报告显示是较为积极的,这为课堂的顺利开展提供了前提条件。但是,还是有少部分(近三成)的学生有较为消极的自我报告,这需要混合式教学设计考虑改善,如激发学习动机、注重创新思维的培养、加强混合式学习辅导并提升学生混合式学习策略、增加多媒体技术学时比例等。

其二,本课程性质属于全校通选课,参与课程的是来自不同学院、不同专业、不同年级、不同民族的学生,尽管本次调查的数据显示性别和民族在五大学生特点上的差异不显著,但从教学实际来看,这种多专业多年级混合的教学对象,为实践性课程的混合式教学设计和实施带来新的特点和挑战。

其三,多媒体课件设计与制作实践性课程,需要有一定的信息技术基础、多媒体技术基础,由上述差异性检验可以看出。而不同专业背景的学生,其多媒体技术基础水平也是不同的,在教学内容的难易程度设置、讲解深浅程度的把握、教学进度的安排上要考虑这些因素。

其四,大部分学生(本研究中主要是大二的学生)对混合式学习的认识不足,了解的途径是任课教师,因此,帮助学生了解和认识混合式学习的相关文档及培训显得很有必要。

本研究在实践性课程混合式教学设计和实施中,针对部分学生信息技术和多媒体技术基础较弱的情况,增加了"第二章多媒体课件素材的获取和处理"的学时数,修订了上述的教学大纲、教学计划;针对教学班"多专业背景混合""多民族混合"的特点,将"多媒体课件教学设计"等教育学知识作为教学重点之一,做较多的补充讲解;针对部分学生学习动机不高的情况,在多媒体课件设计与制作环节采用了任务驱动法、课件评价环节采用了线下讨论的教学方法。以上变化见实际教学日历表2-2-10。

二、实践性课程混合式教学设计

在对混合式教学系统中的教学环境、教学资源、教学目标、教学内容、学生特点分析的基础上,对混合式教学的具体教学进行设计,并体现教学方法、教学手段、教学策略、教学交互的混合性。其中,教学交互的混合设计将在第三章详细介绍。

(一)教学方法的混合设计

教学方法是教师为完成教学任务而采用的方法,它包括教师教的方法和学生学习的方法,是教师引导学生掌握知识技能、获得身心发展而共同活动的方法。[①] 常用的教学方法有讲授法、谈话法、读书指导法、练习法、演示法、实验法、实习作业法、讨论法、研究法。[②] 教学需要根据教学目标和教学任务的特点、学生的情况、教学环境情况等合理地选择教学方法。

1. 实践性课程教学方法的选择

首先,在实践性课程的教学中,由于注重学生实际操作能力的培养,需要利用"练习法",体现在"做中学""以学生学习为中心",促使学生亲身体验、深入反思从而掌握知识和技能。

其次,虽然实践性课程主要目标是培养学生动手操作的能力,但是任何实践都离不开理论的指导,因此"讲授法"是必不可少的。利用讲授法,教师将实

---

① 王道俊,郭文安.教育学(第6版)[M].北京:人民教育出版社,2009(5):234.
② 王道俊,郭文安.教育学(第6版)[M].北京:人民教育出版社,2009(5):238-248.

践性课程中基础知识、基本概念、基本原理等深入浅出地讲解给学生,使学生"知其然,知其所以然"。

再次,学生可能对教师讲授的某些理论知识理解起来有困难,针对这种情况,教师要提前分析教学内容的难易程度、学生的知识基础及其他需要的能力情况;演示实践性课程中还有许多实操案例,因此需要用到"演示法"。

最后,对于实践性课程中一些重点内容及难点内容,教师需要组织讨论或开展研讨活动,促进知识建构的深入,因此需要选择"讨论法"或"研究法"。

2. 实践性课程混合式教学中的教学活动安排

教学方法只能是通过师生的一系列教学活动来实现,在线上线下混合式的教学方式下,根据具体的教学内容和学生特点,需要将线上活动和线下活动有机结合,无缝连接。

混合式教学通过线上教学平台提供的教学资源可使学生加深对所学内容的理解。当前的线上教学主要以视频类的微课为主,微课以短小精悍的体量将原本庞杂的知识体系解构,将其中某个授课重点或难点内容进行深入解析,并可附带为学生展示更多与教学内容相关的示例,以便学生加深理解,方便记忆。因此,在线上教学开始前,学生需要自主对所学知识进行了解和预习,将一部分知识通过自学的方式加以掌握。而后学生若出现对重难点内容把握不到位的状况,则可通过线上教学的视频进行深入学习,加深理解。换言之,线上教学对比传统课堂仅仅讲授学生共同遇到的难点问题,充分保证了课堂授课的教学质量和效率。

混合式教学的线下教学部分与传统课堂的教学模式有很大不同。传统的线下教学课堂承担的是从新课导入到案例讲解再到重难点剖析的全流程教学模式,同时兼有答疑解惑的部分功能。课堂内容面面俱到,但授课效率较低,且仅能根据学生共同的疑难问题提出解决方案,很少照顾到学生的个性化需求。在混合式教学模式中,线下课堂教学主要的作用在于查漏补缺和重难点知识的深化讲解。线上教学承担了传统课堂的新课讲解和重难点知识剖析功能,这使得线下教学的主要教学任务变为对学生在学习过程中遇到的问题进行集中或个别讲解。线下课堂功能的转变为学生更好地掌握所学内容提供了前提和条件。在线下课堂,教师可首先针对学生共同遇到的难点问题进行讲解,之后可对部分学生遇到的个性化问题给出解决方案,很好地解决了传统线下集体授课课堂教学无法兼顾全体学生需求这一弊病。

3. 案例

实践性课程《多媒体课件与制作》的混合式教学日历,如表 2-2-10 所示。从该表中可以看出,该教学根据学生的具体情况,对教学大纲中部分教学内容如"多媒体课件的教学设计""多媒体课件的评价"增加了学时。在教学方法的安排上,教师将讲授法、演示法、练习法、讨论法、研究法等混合使用。

表 2-2-10　实践性课程《多媒体课件与制作》混合式教学日历

周次	学时(分钟)	教学内容(要点)	教学形式	教学方法
1	2(90 分钟)	1. 混合学习方式及要求,混合式课程学习的操作方式。 2. 现代教育技术基本理论与方法。 3. 多媒体课件的概念、发展历程、类型。	线下课堂	讲授法、讨论法
2	不限	1. 多媒体课件的构成。 2. 多媒体课件制作的工具。	线上	研究法、讨论法
3	2(90 分钟)	1. 多媒体素材简介。 2. 文本的获取和处理。 3. 图形图表素材的获取利用,处理图片素材的基本方法。	线下课堂	讲授法、演示法、讨论法、练习法
4	不限	音频素材的获取和处理方法。	线上	练习法、研究法、讨论法
5	2(90 分钟)	视频素材的获取和处理方法。	线下课堂	讲授法、演示法、讨论法、练习法
6	不限	动画素材的获取和处理方法。	线上	练习法、研究法、讨论法
7	2(90 分钟)	1. 多媒体课件设计流程。 2. 多媒体课件的教学设计。 3. 多媒体课件的结构设计。 4. 多媒体课件的界面设计。	线下课堂	讲授法、演示法、讨论法

续表

周次	学时(分钟)	教学内容(要点)	教学形式	教学方法
8	不限	1.演示型多媒体课件设计和制作实践。 2.学生提交作业至网络平台。	线上	练习法、研究法、讨论法
9	2(90分钟)	1.多媒体课件的评价方法、评分标准。 2.学生互评其他学生的作业,撰写评语并打分。 3.师生课堂点评典型作业及学生的评语。	线下课堂	讲授法、讨论法
10	不限	1.学生修改自己的课件,提交至网络平台。 2.第二轮学生互评活动。 3.教师批阅作业,撰写评语并打分。	线上	练习法、研究法、讨论法
11	2(90分钟)	1.综合型多媒体课件的类型、结构。 2.微课的设计(教学设计、结构设计、界面设计)。	线下课堂	讲授法、演示法、讨论法
12	2	微课的设计实践(教学设计、结构设计、界面设计)。	线上	练习法、研究法、讨论法
13	2(90分钟)	微课的制作工具、制作方法。	线下课堂	讲授法、演示法、讨论法、练习法
14	不限	1.微课制作实践,并提交作业至网络平台。 2.网络互评其他同学的作业,打分并撰写评语。	线上	练习法、讨论法、研究法
15	2(90分钟)	1.师生课堂点评典型作业及学生的评语。 2.学生修改自己的微课作业,并提交至网络平台。	线下课堂	讲授法、讨论法、研究法
16	不限	1.学生对修改后的作业进行互评,打分并撰写评语。 2.教师批阅作业,撰写评语并打分。 3.发布优秀范例供学生学习、反思。	线上	讨论法、练习法、研究法

(二)教学手段的混合设计

教学手段是指为完成教学任务,配合某种教学方法而采用的器具、资料与设施[①]。在实践性课程的混合式教学中,教学方法有上文所述的混合,教学手段在充分考虑现实条件的基础上,也有相应的选择和混合。

1. 教学内容的承载手段

此处教学内容即课程内容,实践性课程内容包括课程标准和教材,其中教材是根据课程标准编制的、系统地反映学科内容的教学材料。在高校课堂上,教学材料可能是学科领域内现有的,也可以是任课教师根据教学经验和教学需要自编的。实践性课程的教学材料类型包括课堂教学类和课外指导类、实践实验指导类等。

教学内容的承载手段,指教学内容是通过什么媒体来存储和显示的。在混合式教学中,实践性课程的课堂教学类和课外指导类、实践实验指导类的教学材料,有纸质版,也有与其配套的电子版光盘,还有网络教学平台中的材料及微课等。这便于学生在课堂外线上预习、复习、互相讨论等学习活动的开展。当然,在线下课堂师生也可以根据实际需要,通过纸质教学材料与网上教学资源的有机结合,更好地达成教学目标。

2. 教学内容的传递手段

从教育传播学的角度,教学内容的传递手段指教学信息在教师和学生之间进行传递的媒体。在混合式教学中,线下课堂教学时教学内容的传递手段有面对面的口头语言、教室里的多媒体投影仪、机房里的局域网及相应的网络教室软件、"雨课堂"软件。在线上,就要通过网络平台上的微课、视频、案例等传递教学内容,通过电子邮件、QQ 群、钉钉群等发送材料、提交作业等。

至于教学手段如何选择和混合,要结合教学方法的选择,因为教学手段是教师在运用某种教学方法时,配合特定的方法而采用的手段。如实践性课程线下课堂演示法,教师可以采用多媒体投影的手段统一演示;也可以采用机房里的网络教室软件,将教师的屏幕投屏到每一位学生的桌面,以便学生看得更清楚;或者在巡视时,教师通过口头语言讲解及操作演示对学生进行个别

[①] 王道俊,郭文安.教育学(第 6 版)[M].北京:人民教育出版社,2009(5):236.

辅导。

3. 师生的交流手段

在混合式教学中,师生的交流手段也要结合实际需要而选择。如对于重点、难点问题,可以在线下课堂当面交流和讨论,对于需要课下实践探索或查阅资料的问题,可以结合线上平台讨论区留言和答疑;若实践性课程的实践是电子作业,则学生通过网络平台提交作业,教师在线批阅学生作业、写评语、打分;教师对典范作业在网络上标出,并在线下课堂重点讲解;学生在线对作业的互评与线下关于作业问题的讨论进行结合。如前所述,师生交流手段的混合也是根据教学目标、教学内容、教学方法的具体情况而选择的。

实例:实践性课程《多媒体课件与制作》混合式教学日历,见表 2-2-10。教学手段(教学内容的承载手段、教学内容的传递手段、师生的交流手段)根据教学目标、教学内容、教学形式、教学方法的不同而进行如前文所述的混合。

(三)教学策略的混合设计

1. 教学策略混合设计的特点

教学策略是指为达成教学的目的与任务,组织与调控教学活动而进行的谋划[①]。教学策略具有目的性,是为完成一定教学任务服务的,有明确的指向性和可操作性。教学策略是教师考察客观条件而采取的主观决策,充分体现教师的认识、意愿、谋略和选择。教学策略属于广义的教学方法范畴,前述的教学方法有时也叫教学策略,但是又不同于一般方法,教学策略更能体现教师的主观能动性和创造性。

在实践性课程的混合式教学中,根据教学任务和教学内容、学生情况及其他主客观条件,采用合适的多种教学策略混合,将提升混合式教学效果。以实践性课程《多媒体课件设计与制作》的混合式教学为例,针对"多媒体课件的评价"这一教学内容,采取了"理论讲授""教师示范""同伴互评""教师评阅""线上评价""线下评价"混合的教学策略。其教学设计方案如下文"教学策略混合设计案例"。

2. 教学策略混合设计案例

实践性课程《多媒体课件设计与制作》对"多媒体课件的评价"课程内容进

---

① 王道俊,郭文安.教育学(第6版)[M].北京:人民教育出版社,2009(5):237.

行了混合式同伴互评教学设计,教学设计方案如下:

案例:"多媒体课件的评价"混合式同伴互评教学设计

一、教学分析

(一)授课内容

1. 多媒体课件的评价标准及各评价维度的含义。

2. 评价多媒体课件的方法。

(二)授课目标

1. 知识目标

学习多媒体课件的评价标准,理解多媒体课件作品的"教学性""技术性""艺术性"以及"创新性"维度在评价标准中的含义、所占比重及原因。

2. 过程和方法目标

能够根据《多媒体课件的评分标准》,掌握评价多媒体课件各维度的方法;能依据《多媒体课件的评分标准》,对各个维度撰写评语并打分,客观地评价自己以及其他同学的多媒体课件作品。

3. 情感态度目标

在评价其他同学的多媒体课件时,能够坚持客观公正的态度,发现其他同学的作品在设计和制作上的不足之处,并能虚心学习他人的优点,扬长避短,提高自己。面对其他同学对自己作品的负面评语,能够平和对待,积极反思和讨论,形成良好的同伴学习氛围。

4. 素质目标

评价能力是一种高级思维能力,也是未来教师所必备的能力。互评时,能够发现多媒体课件作品中有待完善的地方,提升批判思维。能够认真负责地评价3位同学的作品,提升合作意识和责任意识。在评价他人作品和范本学习时,能敏锐地抓住闪光点,并努力将其应用在自己的作品中,提升创新精神。

(三)教学重难点

1. 重点:理解多媒体课件的评价标准及各评价维度的含义。

2. 难点:掌握评价多媒体课件的方法。

3. 解决处理方法:采用案例教学法、任务驱动法、同伴互评法、讨论法开展教学活动。通过具体的多媒体课件案例讲解多媒体课件评价标准,加深学生对于评价标准及各个评价维度的理解;开展同伴互评活动任务,促进学生实际运用多媒体课件评价标准,客观评价他人的作品;组织学生讨论典型作品的亮点及不足,鼓励学生表达自己的看法,达到知行合一。

(四)教学对象分析

1.学生基本情况

教学对象来自不同学院的不同专业、不同年级、不同民族的学生,在互评活动开展前,对该多元异构的教学对象进行问卷调查和访谈(如图2-2-2、图2-2-3所示),了解学生对于同伴互评的态度以及进行同伴互评的能力。从调查结果来看,学生普遍对同伴互评持支持和认可的态度,绝大多数学生乐于参与到同伴互评的活动中来,并且认为评价是在自己未来教师职业中必备的一种技能。

图2-2-2 开展互评前学生填写调查问卷

图2-2-3 开展互评前学生填写调查问卷

2.知识基础

前一节课教师已经详细讲授了多媒体课件评价的流程和方法,解释了《多媒体课件评分标准》,学生具备理解《多媒体课件评分标准》各维度含义的基础。

3. 思维水平

教学对象作为大学生,具备较高的抽象思维水平,对事物具有较高的理解、判断和评价能力,这些能力为理解理论知识,运用理论对实际问题进行评价和分析提供前提条件。

(五)教学准备

1. 在网络平台上发布作业,要求学生上传多媒体课件作品;在网络平台上向学生发布《多媒体课件评分标准》。

2. 每位学生完成多媒体课件制作的作业并上传到网络平台。

二、教学方法

(一)案例讲授法

利用课件示例,详细讲解《多媒体课件评分标准》各个维度的含义,以及各维度评分档次的评判方法。

(二)同伴互评法

通过网络平台的"同伴互评"功能,设置每个学生评阅3份其他同学的作业。要求给每个维度写出评语、打分,并打出总评分数。学生在网上完成互评后,教师发布互评成绩,学生反思其他3位同学给自己的评语或建议。

(三)讨论法

教师挑选出具有代表性的课件作业以及学生的评语,线下课堂中依据《多媒体课件评分标准》,讲解该课件在教学性、技术性、艺术性、创新性上的表现,对评价该作业的3位同学的评语进行分析、纠错,并组织学生讨论,让学生现场表达观点,启发其他学生对该观点进行评论,使学生充分参与课堂,加强学生多媒体课件设计制作的能力以及评价多媒体课件的能力。

三、授课时长

本混合式同伴互评教学设计是针对"多媒体课件的评价"完整教学内容模块的教学设计,共需要4学时,其中线下2学时,线上2学时。

四、"多媒体课件的评价"混合式同伴互评教学过程

"多媒体课件的评价"混合式同伴互评教学过程设计,如表2-2-11所示。

表 2-2-11 "多媒体课件的评价"混合式同伴互评教学设计

互评安排	教学阶段	教学形式	教学内容	教师活动	学生活动	时间安排
第一轮	互评前	线上线下	多媒体课件设计与制作的软件工具、方法。	教师在"课程中心4.0"平台发布"设计和制作多媒体课件"作业任务。	学生根据作业要求,完成多媒体课件的设计和制作,并提交至网络平台。	课前准备
第一轮	互评前	线下	多媒体课件评价的标准、方法。	结合课件实例解析《多媒体课件评分标准》,包括各评价维度含义、评分方法。	理解多媒体课件的评价标准,讨论如何评价多媒体课件。	1学时
第一轮	互评中	线上	多媒体课件评价的标准、方法。	在平台发布"同伴互评"任务以及《多媒体课件评分标准》。平台随机为每位学生分配3份其他学生的作业。	学生按《多媒体课件评分标准》进行在线互评,写出各维度评语,给各维度打分,并打出总分。	1学时
第一轮	互评后	线下	多媒体课件评价的标准、方法。	选择典型的多媒体课件作业和评语,课堂进行讲解和分析。	讨论典型作业及部分评语的亮点和不足,反思自己的作品与评语。	1学时
第二轮	互评前	线上	进一步加强多媒体课件设计、制作、评价方法和技能的学习。	在平台发布作业任务,要求学生依据第一轮互评及反思,修改自己的多媒体课件作品并提交。	学生修改并提交自己的多媒体课件作业。	课前准备

续表

互评安排	教学阶段	教学形式	教学内容	教师活动	学生活动	时间安排
第二轮	互评中	线上	进一步加强多媒体课件设计、制作、评价方法和技能的学习。	在平台发布"同伴互评"任务。平台随机为每位学生分配3份不同的其他学生的作业。	学生按《多媒体课件评分标准》进行互评，写出各维度评语，给各维度打分，并打出总分。	1学时
	互评后	线上	学习典型范例。	教师批阅学生提交的修改后的作业（评分＋评语），发布作业范例供学生学习。	学生根据教师和同学给予的反馈进行反思、整理。	课后反思

（1）教师在"课程中心4.0"平台发布"设计和制作多媒体课件"作业任务（线上）。学生根据作业要求，完成多媒体课件的设计和制作，并提交至网络平台（线上）。以上是本节课的课前准备。

（2）教师结合课件实例解析多媒体课件评价标准，包括各评价维度含义、评分方法（线下，如图2-2-4），发布《多媒体课件评分标准》（线上）。

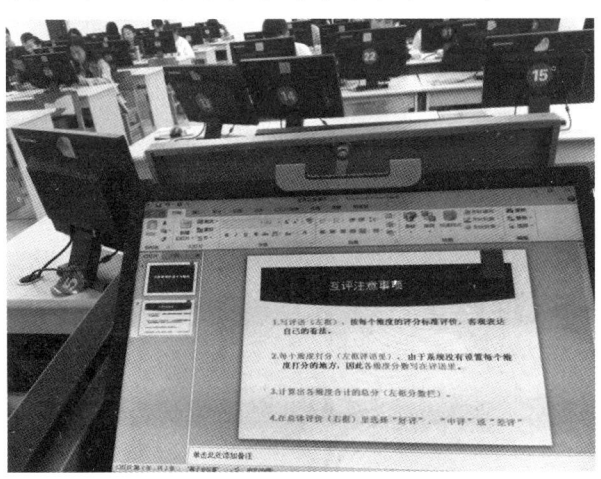

图2-2-4　线下机房教师讲解互评方法及注意事项

(3)学生第一轮网络互评(线上)。根据教师在网络平台上的设置,系统随机给每位学生分配3份其他学生的作业。教师要求学生写出各维度的评语。由于该网络平台的"同伴互评"功能里暂时无法设置分别对各个维度进行评分,只有评语撰写栏,因此要求在评语栏里给各维度打分(如图 2-2-5、图 2-2-6、图 2-2-7)。该教学设计的目的是便于了解学生对评价标准中各子维度的理解情况。

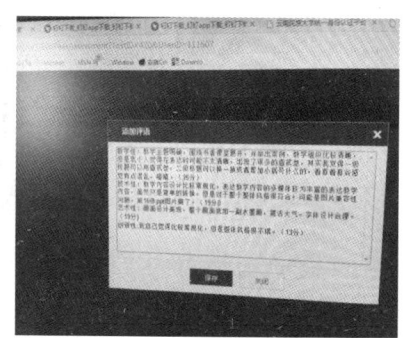

图 2-2-5　学生线上互评　　　　图 2-2-6　学生线上互评:评语框

被评价:3次|平均分:91.666666666666

次数	评价学生	客观题	主观题(互评)	总分	总评语	评语
1	李子昊	0	95	95	好评	很优秀,要是把《嫦娥奔月》的故事换换就更好了。
2	黄䌷	0	88	88	好评	教学目标明确,树状结构清晰,教学过程设计得当,推进合理,教学重难点在教学设计中的体现不明显,教学界面设计可再改进。
3	陈婉莹	0	92	92	好评	1.课程设计合理,但未体现对多媒体课件的运用。2.结构设计没有流程引导。3.界面设计分区不明确。

图 2-2-7　学生线上互评:评语和评分结果

(4)教师选出学生多媒体课件作业的典型,在课堂中讲解(线下)。典型作业可以是在"教学性""技术性""艺术性""创新性"四个方面上都做得比较好的,也可以是某方面做得比较好的,还可以是在这些方面做得不好的。本次选择《认识直角、锐角、钝角》《动植物细胞的结构》《桃花源记》作为典型作业,课堂上教师播放典型的多媒体课件作业,引导学生思考该作品在某个维度上的亮点或不足,组织学生讨论,并请学生现场发言。鼓励学生充分思考,大胆表达自己的看法。此外,师生课堂上共同分析该作业的 3 个评语和分数是否合理。

(5)学生反思自己对其他同学作业的评价情况,并对自己的作业进行修改完善(线上+线下)(见图 2-2-8)。

图 2-2-8　学生反思自己的作业及自己对他人的评语

(6)教师发布第二次作业,要求学生上传修改后的作业(线上)。学生按规定期限将修改后的作业上传至平台(线上)。

(7)教师发布第二轮网络互评(线上)。这次系统给每位学生随机分配 3 份不同的其他学生的作业,要求学生在评语里写出各维度分数以及总分(如图 2-2-9)。

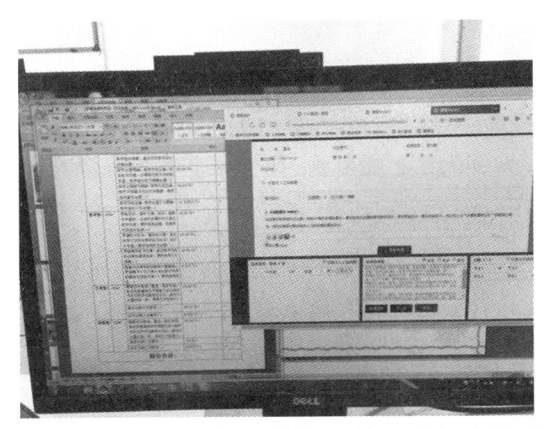

图 2-2-9　学生提交修改后的作业并开展第二轮互评

(8)教师评分(线上)。教师在评语栏写评语并打出分数(见图 2-2-10),在该系统中,教师评分评语的操作不受截止日期的限制。

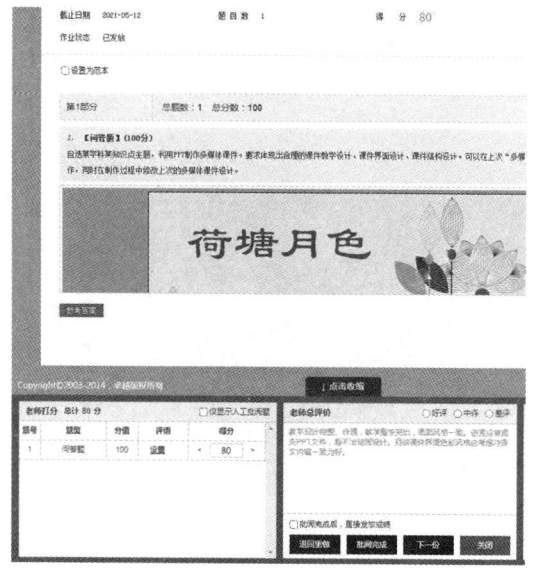

图 2-2-10 教师评分评语

第 6、7、8 步设计并开展第二轮互评的目的,是通过分析学生互评与教师评价(包括评语和打分)的差异,考查学生是否掌握或在多大程度上掌握了多媒体课件的评价方法,为后期的教学安排提供反馈。

(9)教师在平台中发布优秀多媒体课件范例供学生自主学习和反思(课后)。

五、教学反思

(一)思政教育融入课程教学

多媒体课件设计与制作是一项复杂的、系统的任务,在学习中难免遇到理论以及技术上的困难,教师根据具体情况在指导学生解决问题的过程中,注重循序渐进地引导,加强学生克服困难、勇于探索等品质的教育。

多媒体课件设计与制作的选题,可以包括学前、小学、初中、高中及大学全学段、各科目的知识点,因此在不同科目知识的课件设计与制作范例的讲解中,教师有机融入对学生的思想政治教育。如语文科目中,引导学生体会中国传统文化的美和魅力,提升文化自信;在历史、地理等科目中,融入爱祖国、爱人民的思想感情,将社会主义核心价值观渗入课件设计与制作教学中。

(二)以评促学

学生之前对混合式同伴互评接触得很少,通过本教学活动提升学生的参与感,提高学生的学习兴趣及学习效果。混合式同伴互评借助"课程中心4.0"平台展开,平台的"匿名评价"和"一评多"等功能,为评价的客观性提供一定的支持。学生在互评的过程中,既提升了多媒体课件评价、多媒体课件的设计和制作技能,还促进了学生批判性思维、合作精神的培养,达到以评促学的效果。

此外,本教学设计和实施,将"线上"和"线下""课堂上"与"课堂外"教学有机结合,将课堂延伸到教室以外,使学生"动起来""忙起来",促进学习效果的同时加强学生自主学习能力的培养。

第三节　实践性课程混合式教学设计的效果考察

自2017年以来,本研究者对实践性课程《多媒体课件设计与制作》混合式教学一直在做教学实践和研究,其中实践性课程混合式教学设计包括教学方法的混合设计、教学手段的混合设计、教学策略的混合设计。前文所述案例或成果是通过对多个学期的教学实践进行不断的总结和完善而形成的。本节从学生作品的质性对比分析和学生成绩的量化对比分析两方面来考察实践性课程混合式教学设计的实践效果。

一、学生作品的质性对比分析

以"学期1""学期2"分别代表实践性课程《多媒体课件与制作》混合式教学改革前后的学生期末作品,通过对其进行质性对比分析,考察实践性课程混合式教学设计的效果。

学生期末作品的分析标准是《多媒体课件作品评分标准》(具体见第五章表5-3-5),依据该标准,从课件作品的教学性、技术性、艺术性、创造性四个方面,对"学期1"与"学期2"两个学期期末学生多媒体课件作品做质性的比较分析。这两个学期都有两个教学班,下文中对"学期1"的两个教学班分别用"1-001班""1-002班"表示,"学期2"的两个教学班分别用"2-001班""2-002班"表示。

(一)教学性

"学期1"学生的多媒体课件作品中,较少同学(16人)能够有较好的教学性,即有明确的教学目的、教学内容,教学资料丰富,教学内容组织和呈现合理,有一定的互动设计。如 1-001 班的《梨园英秀音乐课》有重难点的把握(如图 2-3-1),及较为丰富的教学材料;《望庐山瀑布》和《爱莲说》(如图 2-3-2)有较为合理的教学设计;1-002 班的《世界杯地理》《一氧化碳还原氧化铁》在课件制作中能够提供较为丰富的教学资料,《天体运动》中除了丰富的教学资料,还体现了较为合理的教学系统设计。

图 2-3-1　学生作品《梨园英秀音乐课》　　图 2-3-2　学生作品《爱莲说》

"学期 2"学生的多媒体课件作品的教学设计明显优于"学期 1"学生的作品。从数量上,能够挑出 38 人的作品具有较好的教学性。从教学设计的质量上看,除了有明确的教学目的,也能够非线性地对教学内容按其内在的逻辑进行组织,对多种媒体的教学资料还能根据教学目的和学科内容特点进行设计和制作,媒体的选择能够考虑到学习者的心理特点。比较典型的作品如:2-001 班的《虞美人》(图 2-3-3)、《咏梅》《题都城南庄》的平面设计符合古诗词的意境,有较为完整的教学系统设计;《月相变化》《海陆变迁》(如图 2-3-4)中多媒体教学材料丰富且为教学内容和教学目标服务;《信息及其特征》能在 PPT 中对教学内容做非线性的组织,使其更易于被学生理解,形成新的知识结构;《上学歌》能够根据幼儿的心理特点安排风格活泼可爱的画面和声音。又如:2-002 班的《凉州词》《找春天》有较为完整的教学设计;《春晓》对教学内容做非线性的组织安排;《排列组合》能够创设"进入羊村需开密码锁"与排列组合相符的情境,进行启发式的教学策略运用;《中国历史文物》呈现丰富的多媒体资料帮助学生理解知识内容等。

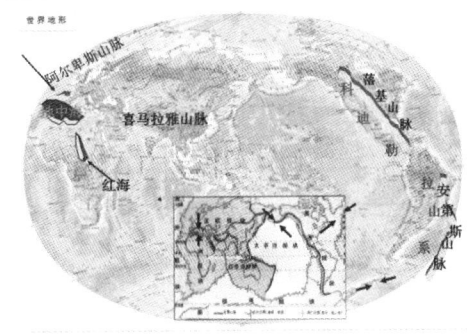

图 2-3-3　学生作品《虞美人》　　　　图 2-3-4　学生作品《海陆变迁》

(二)技术性

由于本课程是面向全校各专业、各年级学生的通识类课程,在技术性上的要求不是很高,"无运行错误,各种链接正确、高效""多媒体的控制无误"是最基本的要求,"界面友好,操作方便、灵活"是更进一步的要求。

在多媒体课件制作工具上,主要讲了 PPT 和 Flash 两个软件工具,由于学生对 PPT 的基本操作较为熟悉,大部分学生都是用 PPT 制作的课件,少部分学生使用了 Flash,如《麦哲伦》(图 2-3-5)、《小燕子》(图 2-3-6)、《食物链》。还有少部分学生以 PPT 为主、结合 Flash 动画来制作多媒体课件。如果是用 PPT 制作的,则基本都是"无运行错误,各种链接正确、高效",而利用 Flash 工具制作的课件,存在有"运行错误""多媒体的控制错误"的现象。

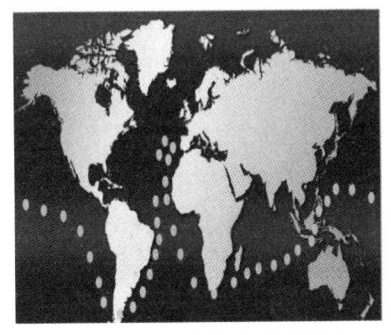

图 2-3-5　学生作品《麦哲伦》　　　　图 2-3-6　学生作品《小燕子》

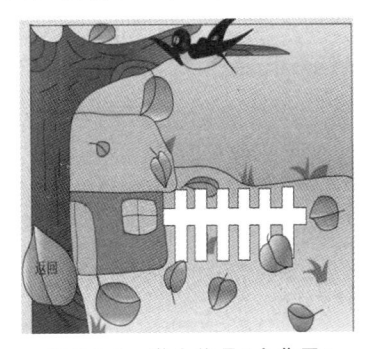

从两个学期学生多媒体课件作品比较来看,两个学期的学生作品基本上都能够根据课件内容安排图片、声音、动画、视频多媒体表现内容,只是多媒体素材的处理水平上良莠不齐,其中专业为"视觉传达设计""服装与服饰设计"

"美术学"的学生表现整体上要好一些。另外,由于"学期2"在教学大纲上对"多媒体课件素材的获取和处理"内容,即对图片、声音、动画、视频处理分别加了2学时的线下课时。所以从整体来看,"学期2"相较于"学期1",学生多媒体课件作品多媒体素材的处理在技术上要好一些,在"界面友好,操作方便、灵活"方面也相应好一些。

(三)艺术性

艺术性方面的要求是"画面设计美观、整洁,色彩和谐""角色形象生动活泼,富有艺术想象力""音效与主题风格一致,视听效果好,具有艺术表现力"。从总体来看,学生的多媒体课件作品中艺术性的表现参差不齐,两个学期中表现较为优秀的都有,但数量较少。如1-001班的《水墨江南》(如图2-3-7)、《爱莲说》(如图2-3-2),能够根据内容主题设计视觉元素;如1-002班的《龟兔赛跑》(如图2-3-8)能够根据学生的心理特点设计画面风格;再如2-001班的《景颇族》(见图2-3-9)、2-002班的《花中四君子》(见图2-3-10),画面设计美观、整洁,色彩和谐。

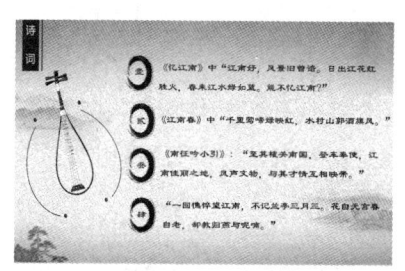

图 2-3-7 学生作品《水墨江南》

图 2-3-8 学生作品《龟兔赛跑》

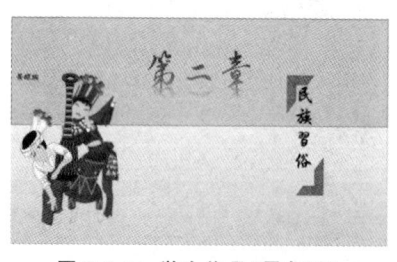

图 2-3-9 学生作品《景颇族》

图 2-3-10 学生作品《花中四君子》

学生作品在艺术性的表现上各有不同,究其原因,首先可能是个人的专业背景,大部分设计类专业的学生能够在作品艺术性上表现较好;其次是学生个人的艺术素养参差不齐,设计类专业的学生也有表现不好的,表现好的也有其他专业的学生;再次是学生的学习态度,有的学生作品反映出来的是敷衍了事的态度,不愿花心思和精力在作品的设计制作上。另外,两个学期的学生作品在艺术性上都有好有劣,总体上差别不大。

(四)创新性

首先,在"素材的获取与编辑属于原创"方面,"学期 2"学生作品表现相较于"学期 1"的要好一些,原因如上"技术性"中分析。

其次,在"内容结构设计独到,主题的表达形式新颖,构思独特"方面,两个学期都有表现不错的作品,如 1-002 班的《一周生活》(见图 2-3-11),其简单的色调、简洁的文字、图标式的图片、有节奏的动画等比较独到,活泼灵动又不失清楚地表达出主题内容。

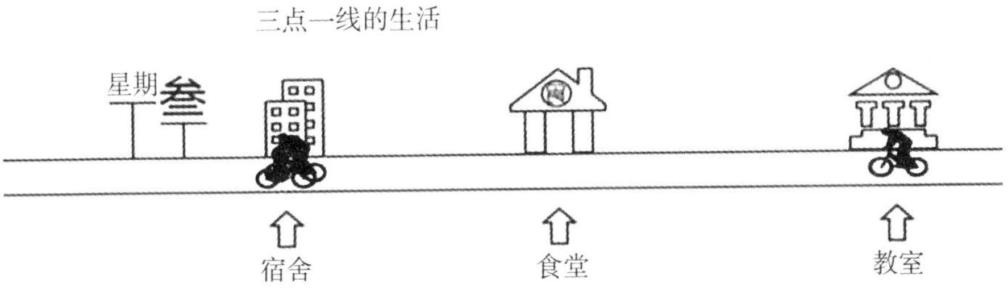

图 2-3-11 学生作品《一周生活》

2-001 班的《信息及其特征》,在交互方式上,创造性地在 PPT 里制作了菜单,并根据操作者的便利,使菜单出现或隐藏;在教学内容的组织上,对教学内容根据人的联想性思维进行非线性的组织;在教学内容的呈现上,重点突出,画面简洁明了;在内容的表达上,适时应用多媒体,如"我们身边的信息",用按钮组织了四个身边信息的例子,利用动画、图片的方式呈现。2-001 班的《山居秋暝》(如图 2-3-12)能够在教师讲解的基本动画基础上,创造性地利用逐帧动画制作朗读进程显示效果。2-002 班的《春晓》(如图 2-3-13)能够在 PPT 中利用按钮使教学内容呈非线性组织。《排列组合》能够创设"进入羊村需开密码锁"与排列组合相符的情境,进行启发式的教学策略运用。《花中四君子》中的动画制作比较有创意。

图 2-3-12　学生作品《山居秋暝》　　　　图 2-3-13　学生作品《春晓》

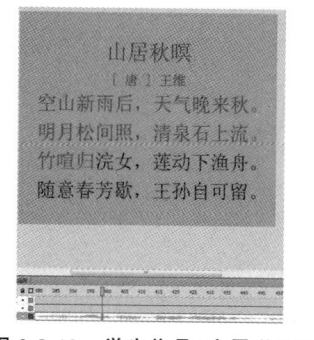

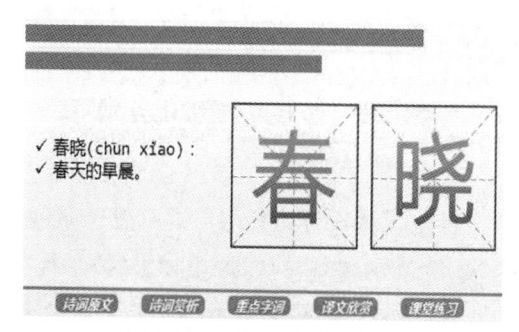

从总体来看,"学期2"的学生作品表现出来的"内容结构设计独到,主题的表达形式新颖,构思独特"方面的创造性比"学期1"要好一些。

再次,"各种视听元素的运用有一定的想象力和个性表现力"在一定程度上与"艺术性"相关,其具体分析如上"艺术性"。

通过对"学期1"和"学期2"学生作品质量的对比分析可知,在"教学性""技术性""创新性"上,后者比前者要好一些,这说明"学期2"在混合式课程教学中运用了改进的混合式教学方法、教学手段、教学策略设计,结合着教学大纲和教学计划也做了相应的调整,取得了一定的效果。

二、学生成绩的量化对比分析

学生作品的质性分析只是对典型的作品进行质的分析,并不能覆盖所有学生的作品,因此需要对所有学生成绩作量化对比分析来补充前文的学生作品质性分析,从而进一步考察实践性课程的混合式教学设计效果。

本研究自2017年以来就持续地开展了实践性课程《多媒体课件设计与制作》的混合式教学研究,前期研究(如混合式教学设计方案)不断地在教学实践中运用和检验,再在下一学期进行修改和实施,从而一步步地完善研究结论。2020春季学期是本教学研究的深化阶段,自该学期本研究开始细致实施前文所述的混合式教学设计方案。因此,本部分内容以2020春季学期为分水岭,将其之后的两个学期(包括该学期)统称为"混合式教学1",将其之前的两个学期统称为"混合式教学2",将"混合式教学1"和"混合式教学2"两组的学生期末成绩做量化对比分析。

(一)学生成绩对比分析的基础

1. 相同之处

2020春季学期前后的四个学期(包括2020春季学期)开设的是同一门课程《多媒体课件设计与制作》,教学大纲相同;课程性质相同,即为Y大学全校性公共素养课;课程教学同为混合式教学,一半的学时在线下课堂中上课,一半的学时在网络上学习;网络学习平台及网络资源相同。以上相同之处为本次对比分析排除了课程、混合式教学模式、教师、网络学习资源这些重要变量的干扰。

2. 差异之处

如前所述,以2020春季学期为分界,"混合式教学1"相对于"混合式教学2"为细致设计和实施了改进的混合式教学的学期。具体表现在:根据对高校大学生的正式问卷调查结果,把握学生对混合式课程及实践性混合式课程的认识了解情况,把握学生一般学习心理特点、创新思维情况、混合式学习策略、学习本实践性课程所必需的信息技术及多媒体技术基础情况。针对学生信息技术和多媒体技术基础较弱的情况,增加"第二章多媒体课件素材的获取和处理"的学时数,修订教学大纲、教学计划;针对教学班"多专业背景混合""多民族混合"的特点,将"多媒体课件教学设计"等教育学知识作为教学重点之一,做较多的补充讲解;针对部分学生学习动机不高的情况,在多媒体课件设计与制作环节采用任务驱动法、课件评价环节采用线下讨论法以及线上的同伴互评的教学方法等。

(二)学生期末成绩对比分析

为保证"混合式教学1"和"混合式教学2"学生成绩对比的一致性,本分析采用的学期末学生提交的多媒体课件作品成绩得分,是统一按照《多媒体课件作品评分标准》(具体见第五章表5-3-5)100分制进行量化打分的。

"混合式教学1"组的两个学期分别有2个教学班,共134人;"混合式教学2"组的两个学期共有3个教学班,共172人,利用SPSS软件进行独立样本T检验,结果如表2-3-1、表2-3-2所示。

表 2-3-1　组统计量

	班级	N	均值	标准差	均值的标准误
成绩	混合式教学 1	134	83.5821	7.51470	64917
	混合式教学 2	172	81.0116	6.79524	51813

由表 2-3-1 可见,"混合式教学 1"和"混合式教学 2"两组学生的成绩平均分分别为 83.5821、81.0116,细致设计和实施混合式教学后,学生成绩平均分提高了 2.5705 分。

表 2-3-2　独立样本检验

		方差方程的 Levene 检验		均值方程的 T 检验					差分的 95% 置信区间	
		F	Sig.	T	df	Sig.（双侧）	均值差值	标准误差值	下限	上限
成绩	假设方差相等	0.170	0.681	3.134	304	0.002	2.57046	0.82028	0.95632	4.18460
	假设方差不相等			3.095	270.915	0.002	2.57046	0.83059	0.93523	4.20570

表 2-3-2 中的 T 检验结果表明,本次假设检验得出的双侧概值都是 P＝0.002,小于检验的显著性水平 α(＝0.05)。因此,在 α＝0.05 的错误水平下,拒绝零假设,即"混合教学 1"和"混合教学 2"在学生成绩得分上存在显著差异。该结果说明,本研究中的实践性课程的混合式教学设计和实施具有一定的有效性。

本章小结

本章对高校实践性课程的混合式教学模式进行了总体流程设计,对具体的混合式教学设计进行了系统分析、设计和效果检验。其中教学设计分别从教学方法、教学手段、教学策略的不同方面展开论述并提供相应案例,最后从学生作品的质性对比分析和学生成绩的量化对比分析来考察实践性课程混合式教学设计的效果。

第三章　高校实践性课程混合式教学中的交互

教学中的交互是教学过程中的重要活动,交互方式设计也属于教学设计的一部分。在混合式教学中,教学交互更加复杂,不只包含传统课堂中的人—人(人际)交互,还包括人—机交互、人—环境交互等,因此本书将混合式教学中的交互单独列章探讨。

第一节　教学交互相关概念

一、教学交互的含义

(一)交互

关于"交互"的定义,不同研究者有不同的看法。穆尔(Moore)认为,交互是两个或多个人为了解释挑战性的观点而展开的双向交流[①]。瓦格纳(Wagner)指出,"交互为至少需要两个对象和两个行动的相互事件,当两个对象和行动之间彼此相互影响时,这样交互就发生了"[②]。麦加利辞典(Macquarie Dictionary)中对"交互"的一般定义是"相互作用(action on each other)"。在《教育大词典》中将 Interaction 翻译成术语"相互作用",并将"相互作用"定义

---

① Michael G, Moore. Editorial: three types of interaction[J]. American Journal of Distance Education,1989,3(2).

② Ellen D, Wagner. In support of a functional definition of interaction[J]. American Journal of Distance Education,1994,8(2).

为一个因素各水平之间反映量的差异随其他因素的不同水平而发生变化的现象(顾明远,1997)。这说明交互意味着某种共同的或者相互的行为,在这一行为中人或者事物互相影响了对方。

由此可以看出,交互是指人和人、人和事物以及事物与事物之间的相互作用、互相影响。进一步地说,交互是在两个及两个以上的对象之间发生的影响,不包括对象内部的影响;交互的直接表现是对象的行为或外在的现象;交互不只是一方对另一方的影响,而是对象之间的双向的作用,是彼此影响的,可以是一对一的、一对多的、多对一的、多对多的影响。

(二)教学交互

教学交互是教育领域中存在的各种交互现象。

学者瓦格纳首次提出教学交互概念,并指出"教学交互是一个发生在学习者和学习环境之间的事件,教学交互的目的是使学习者的行为朝着教学目标的方向发生改变并达到教学目标。因此,教学交互拥有两个目的,改变学习者、帮助学习者实现他们的学习目标"[1]。

学者陈丽在瓦格纳的基础之上,采用内部定义法则对教学交互进行了界定。她指出术语"交互"被用于描述各种相互作用的事件,教学中使用交互一词容易使研究对象泛化,因此非常有必要用术语"教学交互"来描述远程教育中具有教育意义的交互现象,并在远程教育中界定教学交互的内涵。她将教学交互的本质界定为"在学习过程中,以学习者对学习内容产生正确意义建构为目的,学习者与学习环境之间的相互交流与相互作用",其内涵为"一种发生在学生和学习环境之间的事件,它包括学生和教师,以及学生和学生之间的交流,也包括学生和各种物化的资源之间的相互交流和相互作用"[2]。

学者王志军认为,教学交互本质上是为了让学习者达到学习目标,学习环境中的主体间相互交流和相互作用的过程[3]。

---

[1] Ellen D, Wagner. In support of a functional definition of interaction[J]. American Journal of Distance Education, 1994, 8(2).

[2] 陈丽. 远程教学中交互规律的研究现状述评[J]. 中国远程教育, 2004(1): 13-20+78.

[3] 王志军. 远程教育中"教学交互"本质及相关概念再辨析[J]. 电化教育研究, 2016, 37(04): 36-41.

可见，教学交互是发生在学生和学习环境之间的事件，包括师生、生生之间的交流，也包括学生和各种物化的资源之间的交流和相互作用。教学交互的含义首先强调了交互行为的目的，即达到学习目标或教学目标。其次，在教学的特定情境中，交互的对象是教学环境中的一切可能的人和事物，其中的人主要指教师和学生，可以是由学生组成的学习小组，也可以是由师生组成的教学人际网络；事物是指教学环境中的事物，如学习工具、由教学内容组成的学习资源等。

教学中人与人之间的交互，称之为人际交互，这是教学中必然要发生的互动影响：教师向学生传递教学信息，学生向教师反馈学习的情况，学生和学生之间就某一问题进行讨论，学习同伴互相影响。人与事物的交互，在传统课堂中，表现为教师利用教材、教具，在教室讲解课程内容，学生利用课本和各种学习工具，学习的相应内容。随着网络技术以及其他信息技术在教学中的普遍、深入的应用，"事物"可进一步扩展为多媒体设备、网络、计算机等，以及在这些硬件中承载的数字化的学习内容。教学交互中的主体更加丰富，包括教师、学生、学习资源等。

信息技术环境下，教学交互的影响更加深刻，通过交互培养学习者协作交流的能力和发现问题、解决问题的能力，从而逐步达到教学目标。人与事物的交互对象之间或一一对应，或存在多种联系而发生相互作用，形成学习共同体（详见第四章），从而使得学习者通过这些交互进行学习，促进其自身的发展。特别是在疫情突发的情况下，在线学习的发展势头越来越猛，促进了线上教学和线下教学相互融合的混合式教学的开展，教学交互更呈现不同的特点，需要进行深入的研究。

二、教学交互的类型

从20世纪末至21世纪初，远程教育领域便开始关注对教学交互规律的探索，发展并形成了相对系统的教学交互分类理论。

远程教育学者穆尔（Moore，1989）[①]在《美国远程教育杂志》上提出远程教育的"三种基本相互作用"，将远程教育中的教学交互分为学习者与学习内容或学

[①] Michael G, Moore. Editorial: three types of interaction[J]. American Journal of Distance Education, 1989, 3(2): 1-7.

习资源的交互、学习者与教师的交互、学习者与学习者之间的交互三种类型。

希尔曼等(Hillman,Willis,& Gunawardena,1994)指出,媒介作为教学过程中的重要载体和中介,学生与界面的交互成为其他交互得以发生的基础。

学习过程会话模型(Lauril-lard,2001)认为,在学习过程中包含两个层面的交互:一是学习者特定行为与教师建构的环境的适应性交互;二是学生概念与教师概念之间的会话性交互。

我国学者陈丽(2004)对上述观点进行了综合,提出了远程学习"教学交互层次塔"模型,将交互分为操作交互、信息交互和概念交互三个层次,这三个层次是由具体到抽象、低级到高级的发展[1]。其中,操作交互指学习者与媒体界面的交互,信息交互包括学习者与学习资源、学习者与教师、学习者之间的交互,概念交互指学习者新旧概念之间的交互,三层交互相互作用共同支撑远程学习的开展。可见,该模型将穆尔提出的三种基本相互作用归结为"信息交互",并在交互的"具体"层面,扩展了操作交互;在"抽象"层面,扩展了概念交互,模型对远程学习中的交互进行了层次化的、立体化的较为全面的构建。

进一步地,我国远程教育学者丁兴富(2005)提出了"教学交互层次双塔"模型,模型中成对提出"校园教学交互层次塔"和"远程教学交互层次塔",以便在同一分析框架中比较传统教学中的交互和远程教学中的交互[2]。该交互模型从"人媒交互""通信交互""人际交互""内化交互"四个方面构建层次塔,即不管是传统教学还是远程教学,教学交互都分为这四种类型。不过,这四种类型的教学交互在不同情境下的地位不同。有了层次的区别,在"校园教学交互层次塔"部分,强调了"人际交互"的基础性和重要性;在"远程教学交互层次塔"部分,强调了"人媒交互"的基础作用。该模型同时考虑了传统面对面教学交互和师生非面对面的远程教学交互,为本书混合式教学交互研究提供有益的参考。

王志军(2016)[3]对教学交互的概念体系作了重新梳理,将其分为核心和

---

[1] 陈丽.远程学习中的教学交互模型和教学交互层次塔[J].中国远程教育,2004(3):27.
[2] 丁兴富编著.远程教育学[M].北京:北京师范大学出版社,2009.
[3] 王志军.远程教育中"教学交互"本质及相关概念再辨析[J].电化教育研究,2016,37(04):36-41.

辅助两类。核心的四类教学交互即学习者与学习资源、学习者与学习者、学习者与教师以及学习者与界面。随着技术的发展以及学习方式的改变,交互的内涵也有了很大的扩充。

首先,学习者与学习资源之间的交互相对于以前被动吸收教材或课程中提供的学习内容,学习者可以借助网络和社会媒体以及智能技术,主动获取资源,与开放教育资源以及技术所支持提供的资源集合体之间进行交互。

其次,学习者与学习者的交互也从一种个体的交互发展到群体交互,学习者既可以作为独立的个体与其他学习者、小组和社会网络展开互动,也可以作为学习群体中的一员展开群体性互动。

最后,随着智能代理技术的发展,学习者与教师的交互也从与教师的直接交互扩展到与教师代理的交互,当然,这里的教师既可以是单个教师,也可以是教师团队。辅助类的教学交互也发展到内容与内容、教师与教师和教师与内容的交互。虽然它们不直接作用于学习者,但随着技术的发展以及以MOOCs为代表的教师协同授课模式的盛行,辅助类教学交互的水平和质量对核心类教学交互的质量的影响日益扩大。

可以看到,随着技术在教育领域中的普遍应用,根据交互对象的不同,教学交互存在着多种分类形式。本研究将教学交互进行以下分类:根据教学交互发生的情境,将教学交互分为线上教学交互和线下教学交互;根据教学交互的对象,分为人际交互、人—机交互、人—机—人交互;根据教学交互的内容,分为操作交互、信息交互、概念交互。在实际教学中,无论是在线教学还是传统面对面教学,亦或是线上线下混合式教学,以上不同类型的教学交互会同时发生。教师应理解教学交互的规律,教学设计中根据具体的教学任务、教学目标有意识地合理利用教学交互。

三、混合式教学中交互的特点

混合式教学是将在线教学和传统教学的优势结合起来的一种"线上+线下"的教学模式,在这种融合的情况下,学习环境的丰富性、学习内容呈现形式的多样性使教学交互呈现新的特点。

(一)线上线下教学交互的衔接性

混合式教学的基本特征是线上教学和线下教学融合,混合式教学中的教学交互包括了线上交互和线下交互。混合式教学是一个有机的整体过程,线上线下交互都是围绕着教学目标或学习目标开展的,因此,线上线下教学交互的有机融合和衔接是非常重要的。网络学习平台、与特定网络学习平台对应的 App,其他社会性软件都能够打破教学交互的时间和空间限制,助力混合式教学中教学交互的衔接。如与"智慧树"网络教学平台对应的"知到"App,可以将教师和学生的交互从线下课堂扩展到线上课堂的课下,教师进行教学相关信息的传递、答疑,学生也可以在其中讨论。社会性软件如微信群、QQ群、钉钉群等,也能够为混合式教学的线上线下教学交互的无缝衔接提供便利。

(二)交互作用的多样性

教学交互的对象包括教师、学生、学习资源。在混合教学模式下,学习资源,尤其是非人力资源具有更多的表现形式,诸如计算机、网络、多媒体相关硬件和软件。在这些软硬件的支持下,学生通过纸质材料、网络课程、微课、案例等学习,这使得混合式教学中的交互作用更加多样。混合式教学中的交互不但包括人际面对面的交互,如教师和学生的交互、学生和学生的交互,还包括人—机—人交互,即教师和学生、学生和学生通过多媒体计算机网络系统开展的人际交互。此外,混合式教学中还包括人—机交互,即教师与线上资源的交互,学生与线上资源的交互,前者是教师设计、开发或选择合适的学习资源,将学习资源上传到网络上,定期更新学习资源的过程;后者是学生在教师的指导下进行线上学习,如观看课程视频、学习教师提供的案例、进行网上习题的作答等。

(三)教学交互方式的混合性

混合式教学情境下的教学交互可从交互主体、交互方向、交互媒介特性、交互空间特性、交互时间特性五个方面进行组合,从而形成不同交互方式的混合。交互主体指教学互动对象中的人,即教师和学生。交互方向是指与教、学相关的信息的传递方向,包括"师—生""生—师""生—生"三种形式。交互媒介特性是指交互主体之间是直接面对面交流还是非面对面交流,如人—机交互、人—机—人交互。交互空间特性指交互发生时交互主体是否在同一物理空间,如线下交互和线上交互。交互时间特性是指交互发生时交互主体是否必须同时操作,发送信息和接收信息是不是同时进行的,分为同步交互和异步交互。在混合式教学中,以上五个方面的交互特性可以根据教学实际进行有机组合,从而形成不同的教学交互方式。这部分的具体研究见本章第三节。

(四)教学交互行为的可观察性

由前文"交互""教学交互"的概念探讨可知,教学交互是交互对象之间为了达到教学目标而发生相互影响、相互作用的现象和行为,是在教学活动中可以通过观察了解的具体情况。如课堂上教师向学生讲授知识、示范操作步骤,学生听讲、回答问题,师生之间开展讨论活动都是可观察的外在行为;又如线上教师上传学习资源的记录、学生观看视频等学习资源的后台记录、师生在网络平台的论坛模块发的帖子、师生通过 App(或其他社会性软件)开展的信息交流等也都是可以观察和记录的现象或行为。教学交互行为的可观察性使教师能够更好地进行教学设计,如分析教学交互的现状(见本章第二节对"混合式教学中交互的现状和问题"分析)、设计教学交互策略(见本章第三节"实践性课程混合式教学中的交互方式设计"),进而进行更好的混合式教学。此外,教学交互行为的可观察性也使教育管理部门能够更真实客观地评价教师的教学过程。

需要指出的是,尽管教学交互行为可以观察,但是人们的行为是受心理支配的,还应考虑教学交互中教师和学生的心理。如教师对教学的态度可能决定教师是否愿意设计更多的交互策略进行教学,又如学生在交互过程中的投入度会影响教学交互的效果。因此,混合式教学中教学交互的评价应该考虑学生的主体性、主动性和创造性的发挥,注重教学交互对学生学习的实际意义和学习目标的达成情况,而不应该停留在表象特征上。

第二节 实践性课程混合式教学中的交互方式设计

一、混合式教学中的交互分析

如前述,混合式教学中的教学交互具有交互方式的混合性。研究提出,应从交互主体、交互方向、交互媒介特性、交互空间特性、交互时间特性五个方面(如表 3-2-1 所示)对混合式教学情境下的教学交互进行分析,在实际教学中这五个方面可以有机结合,形成不同的交互方式。

表 3-2-1 混合式教学情境下的交互

交互主体	交互方向特性	交互媒介特性	交互空间特性	交互时间特性
师生	师—生/生—师	面对面(人—人)	线下	同步
生生	生—生	非面对面(人—机—人)	线上	异步

（一）交互主体

交互主体指教学互动发生时涉及的主要对象,即教学信息的传递者教师和接受者学生。交互主体的组合有两种方式——"师生"和"生生","师生"是教师和学生之间发生的交互,"生生"指学生之间发生的与学习有关的交互。

（二）交互方向特性

交互方向特性指与教、学相关的信息的传递方向,包括"师—生""生—师""生—生"三种形式。"师—生"指教、学信息由教师传递给学生,一般指教师讲解教学内容,教师向学生提问,教师给学生答疑,教师将学生作业批阅情况提供给学生等;"生—师"指与教、学相关的信息由学生传递给教师,一般指学生对教师的反馈,如提出疑问、回答教师的问题、领会知识后的表达、提交作业等;"生—生"指与学习相关的信息在学生之间传递,如学生之间针对知识内容进行讨论、互相回答对方的疑问等。

（三）交互媒介特性

交互媒介特性是指交互主体之间是直接面对面交流还是非面对面交流。本研究将面对面交流表述为"人—人"交互,是交流主体在同一物理时空下面对面的交流,如传统教室内发生的人际交互。这在混合式教学中一般指线下面对面交流。本研究将非面对面交流表述为"人—机—人",意为教学交互需要借助适当的信息技术为媒介或支撑,如通过电话、邮件、聊天工具、网站论坛等发生的教学交互。"人—机—人"交互可能发生在线上课堂,因在线课程平台及教师建立的交互渠道不同而不同,如通过"智慧树"论坛、"学堂在线"论坛、"钉钉"学习圈、QQ群、微信群、腾讯会议、ZOOM等。"人—机—人"交互也有可能发生在线下传统课堂内,如传统课堂中教师允许学生使用"雨课堂"

的弹幕功能发表看法;又如多媒体网络教室里,教师通过网络教学软件的教师端讲解内容、演示操作、发送资料给学生等,学生也可以通过软件的学生端举手、提问、发送作业给教师。

(四)交互空间特性

交互空间特性指交互发生时交互主体是否在同一物理空间。本研究将其分为线下交互和线上交互,前者指交互主体在同一物理空间,如线下的传统教室里;后者指交互主体发生交互时不在同一物理空间,需要借助信息技术进行,与前文不发生在传统教室的"人－机－人"交互一致。

(五)交互时间特性

交互时间特性是指交互发生时交互主体是否必须同时操作,即发送信息和接收信息是否同时进行,分为同步交互和异步交互。同步交互,也叫实时交互,信息的传递者在发送信息后,需等待信息接收者接收信号或接受请求后,交互才能发生,如线下传统课堂里师生的提问和回答,线上课堂中的打电话、视频会议、QQ电话等;异步交互,也称非实时交互,信息的传递者在发送信息后,不必等待接收者的反应,而是将信息存储在平台的服务器中,接收者可以根据自己的时间安排,在方便的时间接收和查看信息,如在线论坛、微信群信息、"钉钉"学习圈作业发布、提交作业等。

二、混合式教学中的交互方式设计

(一)基于教学内容及教学活动的混合式交互方式设计

根据《多媒体课件设计与制作》课程大纲(如第二章第一节),课程的教学内容分为五大部分:多媒体课件设计与制作基础、多媒体课件素材的处理、多媒体课件设计、多媒体课件创作、多媒体课件评价。大部分的教学目标性质根据教学内容有所不同,相应地,其教学活动的安排也有所不同。为了加强本混合式课程教学的教学互动效果,根据五大部分教学内容特点、教学活动特点,进行了混合式教学中的交互方式设计,如表3-2-2所示:

表 3-2-2 《多媒体课件设计与制作》混合式教学中的交互方式设计

教学内容	教、学活动	交互主体 师生	交互主体 生生	交互方向 师生	交互方向 生师	交互方向 生生	交互媒介 人—人	交互媒介 人—人	交互空间 线下	交互空间 线上	交互时间 同步	交互时间 异步
多媒体课件设计与制作基础	案例教学法以教师讲解、学生听讲、学生讨论为主。学生需要做课件的教学设计实践。											
多媒体课件素材的处理	教师讲解、示范，学生听讲、观摩、操作练习。											
多媒体课件的设计	教师讲解、示范，学生听讲、观摩、操作练习。											
多媒体课件创作	学生自选学科知识内容，创造性地进行课件的设计、制作。											
多媒体课件的评价	讲解多媒体课件评价的标准，开展学生的多媒体课件作品互评活动。											

【说明】上表用各图标表示各种交互方式的使用频率，或者使用该交互方式的必要性程度。图注如下：
经常使用；比较经常使用；偶尔使用；一般不使用；不使用。

1. 多媒体课件设计与制作基础

教学内容:"多媒体课件设计与制作基础"部分的教学内容包括多媒体课件的概念、类型、发展历程;多媒体课件设计和制作的原则;多媒体课件设计与制作的流程与方法;多媒体课件制作的工具。该部分内容课时4学时,是以后进行多媒体课件设计与制作的基础。

教学目标:经过教学后,学生应明了什么是课件及多媒体课件,把握课件的本质,注意与"PPT"的区别;理解什么是好的课件,课件设计与制作要遵循哪些原则;了解多媒体课件设计与制作的流程;理解和掌握多媒体课件的教学设计、结构设计和界面设计;了解多媒体课件制作的工具,并掌握一至两种常用的多媒体课件制作工具。

教学活动安排:该部分的主要内容是基础性的理论知识,因此以教师讲解、学生听讲为主,其中对于课件设计与制作的原则,多媒体课件的教学设计、结构设计、界面设计结合案例讲解,组织学生评析。该部分学生要做的实践是进行多媒体课件的教学设计。

混合式教学交互设计:基于以上教学内容分析、教学目标分析、教学活动安排,对该部分内容的教学交互如表所示。

第一,交互主体是"师生""生生"模式,且交互方向是"师生""生师""生生"互动。因为该部分内容为基础性理论知识,教师主要以案例为依托,讲解多媒体课件的概念、设计和制作的原则、教学设计、结构设计、界面设计,学生听讲和观摩,体现出"师生"互动;为了加强对理论知识的理解,在教学中安排了针对案例开展讨论,如讨论分析某多媒体课件的优缺点,如果是你该如何改进等,体现"生生"互动及"师生"互动;在讨论活动中,大家可以畅所欲言,对彼此的观点进行评论,交互方向为"师生""生师""生生"并存。由于该部分内容主要为讲解,所以交互主体"师生"、交互方向"师生"是"经常使用";交互主体是"生生",即学生讨论,交互方向"生师"和"生生",即学生向教师提问,学生之间互相提问讨论是"比较经常发生"。

第二,交互媒介为"人-人"和"人-机-人"并存,且都是"经常使用"。因为该部分内容的4个学时,包括线下、线上各2学时,讨论可以在线下教室面对面发生,也可以在线上的"智慧树"论坛、"知到"App教学群、QQ群里发生,且线下教室里,教师发送案例、学生提交信息都可以通过网络教室软件进行。

第三章　高校实践性课程混合式教学中的交互

第三,交互空间包括"线上"和"线下",理由如上。且都是"经常使用"的程度。

第四,交互时间为"同步"和"异步"并存,且都是"经常使用"。由于是线上和线下结合的混合式教学,"同步"交互主要发生在线下课堂上,在机房里师生随时都可以发生面对面的实时交互;"异步"交互主要发生在线上课堂,通过"智慧树"论坛、"知到"App教学群、QQ群等平台进行。

2. 多媒体课件素材的处理

教学内容:多媒体课件素材的处理包括图片、声音、视频、动画等多媒体素材的获取,处理各类素材的常用工具,处理的基本方法和基本操作。该内容安排8学时的线上加线下的混合式教学。

教学目标:了解处理图片、声音、视频、动画等多媒体素材的常用工具,并能够使用工具对相应类型的素材做基本的编辑。在此基础上,能够根据制作多媒体课件的需要处理素材;能够根据需要对各类素材做综合处理,如调整视频的声音,在视频中加入动画,或在动画里加入视频。

教学活动安排:教师讲解、示范操作,学生听讲、观摩、练习操作。该部分内容实践性较强,教学活动强调讲练结合,随讲随练,使学生能够更好地吸收。

混合式教学交互设计:

首先,交互的主体是"师生""生生",交互方向包括"师生""生师""生生",但主要是"师生",即教师通过讲解、示范各类多媒体素材的处理工具及处理方法,学生听讲和练习,因此"交互主体"和"交互方向"的交互程度为"经常使用"。而在练习的过程中,学生有疑难可以向老师或同学提问,则"交互主体"的"生生"和"交互方向"的"生师""生生"是"偶尔使用"。

其次,"交互媒介"中以线下机房中的"人—人"交互为主;"交互空间"以线下为主;"交互时间"以"同步"为主。这是由于操作类较强的内容、疑难问题当面交流比较有效率,而通过技术平台进行的"人—机—人"的交互、线上的交互、异步交互也可以发生,一般是较为紧急的操作困难,所以是"一般不使用"。

3. 多媒体课件的设计

教学内容:主要通过多媒体课件的案例讲解、示范课件的设计,与"多媒体素材的处理"类似,是操作性的内容,对学生的创造性要求较高。该部分内容

109

安排8学时。

教学目标:了解多媒体课件教学设计、结构设计、界面设计的具体方法;能够对各类素材做符合自己课件设计需求的综合处理。

教学活动安排:教师讲解、示范操作,学生听讲、观摩、练习操作。该部分内容实践性较强,教学活动强调讲练结合,随讲随练。

混合式教学交互设计:

首先,在"交互主体"和"交互方向"两方面,与上文"多媒体素材的获取与处理"一样,见表3-2-2。

其次,在"交互媒介""交互空间""交互时间"三个方面,上文"多媒体素材的获取与处理"不同的是,"人－机－人"的交互、线上的交互、异步交互也时有发生,所以是"偶尔使用",这是由于课件的设计与制作涉及更复杂的能力,如多媒体课件的设计,多媒体素材的综合处理等,需要学生之间通过线上的异步交互来解决学习中遇到的问题。

4.多媒体课件的创作

教学内容:给学生布置多媒体课件创作实践任务——自选学科内容,进行多媒体课件创作。包括多媒体课件的教学设计、结构设计、界面设计,利用多媒体素材处理工具及常见课件(微课)制作工具制作多媒体课件。该部分教学安排8学时(在教学大纲里融入第3章和第4章)。

教学目标:能够针对一个具体的知识内容进行多媒体课件的设计(教学设计、结构设计、界面设计);能够利用多媒体素材处理工具及常见课件制作工具制作多媒体课件。在设计与制作的过程中,充分发挥学生的个性化特征,提升创新思维水平、创造力、实践操作能力等。

教学活动安排:将大部分的课程时间交由学生自主学习、创作。学生遇到问题可以向教师提出,与同学讨论,但该部分内容的教学安排主要是学生自定步调,自我安排的过程,使学生充分发挥自己的主观能动性和创造性。

混合式教学交互设计:

第一,该部分教学目标是一个较复杂、高层次的认知目标(分析和综合)、创新思维提高及实践操作能力达成的过程,教学活动的主要安排是学生自主创作,因此"交互主体"中教师的信息传递频率"师生"及学生之间传递信息的频率"生生"较其他过程较低,都是"偶尔使用"。

第二,"交互方向"中的"师生"为"一般不使用",意为教师将任务布置给学生后,将留给学生最大的自由空间去创作,但是学生有疑问可以请教教师和同学,因此"生师"和"生生"都是"比较经常使用"。

第三,"交互媒介"中的"人-人""人-机-人"都是"比较经常使用",不论是线上还是线下,人际交流都畅通无阻。

第四,"交互空间"中"线下"比"线上"要频繁一些,因为学生自主创作的过程中,线下面对面交流技术操作问题会更加清楚明了,是"比较经常使用";但若实在有紧急技术问题,也可以在线上通过各种平台提问或回答别人的提问,因此是"偶尔使用"。

第五,"交互时间"中"同步"是"比较经常使用","异步"是"偶尔使用"。由于"交互空间"主要是"线下",而线下传统课堂中的交流是实时的,"同步"的;本部分的学习主要靠学生自己研习,发挥自身创新性思维能力进行多媒体课件的设计与制作,因此线上的"异步"交互可能较少,是"偶尔使用"。

5. 多媒体课件的评价

教学内容:在第一部分内容"多媒体课件设计与制作的原则"的基础上,进一步讲解多媒体课件评价的标准;开展学生多媒体课件作品互评活动。该部分内容为4学时。

教学目标:理解多媒体课件评价的标准,理解在掌握基本知识、基本操作技能的基础上,要关注"创新性"这一指标(见第五章的评分标准案例);能够依据评价标准对多媒体课件作品的价值进行评价。

教学活动安排:教师讲解多媒体课件评价的标准;按照布鲁姆的认知目标层次理论,"评价"属于更高级别的认知目标,因此需要在该教学环节开展学生的多媒体课件作品互评活动,同时教师加以必要的引导。

混合式教学交互设计:

首先,"交互主体"及"交互方向"中的各个方面都是"经常使用",因为该部分内容除了教师讲解、学生听讲,师生和生生之间还要针对多媒体课件进行充分评价、讨论,信息的流动是全方位的。

其次,"交互媒介"中的"人-人"交互,"交互空间"中的线下交互,"交互时间"中的"同步"交互都是"经常使用",因为对多媒体课件的评价活动主要在线下课堂中开展,师生之间的交流讨论是面对面的、实时的;而由于线上异步交流也是根据需要开展的,所以"人－机－人"交互、"线上"交互、"异步"交互是"比较经常使用"。

本章小结

本章首先分析了教学交互的概念和内涵,以及混合式教学中交互的类型和特点,然后对实践性课程混合式教学中的交互从交互主体、交互方向、交互媒介特性、交互空间特性、交互时间特性五个方面分析,进行了基于教学内容及教学活动的混合式教学中的交互方式设计。

第四章　实践性课程混合式学习共同体

学习共同体是由"人际交互""人与资源的交互"所形成的"教学人文社会环境"。由第一章第二节的"混合式教学系统要素"之"混合式教学环境"中的论述可知,"混合式教学人文社会环境"是影响混合式学习的重要方面。本章探讨的高校实践性课程混合式学习共同体的界定、影响因素、构建策略,是对高校实践性课程混合式教学中的"交互"或由交互形成的"混合式教学环境"的进一步研究。

第一节　混合式学习共同体相关概念

一、共同体

"共同体"是一个社会学概念。德国社会学家斐迪南·滕尼斯(Ferdinand Tonnies)于19世纪80年代出版了社会学名著《Gemeinschaft und Gesellschaft》,该书区分了两种社会——"Gemeinschaft"和"Gesellschaft",认为前者是自然的有机体,强调情感因素,即人与人之间的亲密关系、共同的精神意识以及归属感和认同感[1];后者是机械的人工制品[2],是理性的、有利害关系的。我国社会学家吴文藻将其区分为"自然社会"和"认为社会"(引自黄杰,

---

[1] 黄杰."共同体",还是"社区"?:对"Gemeinschaft"语词历程的文本解读[J].学海,2019(05):11.
[2] [德]斐迪南·滕尼斯.共同体和社会:纯粹社会学的基本概念[M].林荣远,译.北京:商务印书馆,1999:53-54.

2019)。

20世纪20年代,美国社会学家查尔斯·罗密斯(C. P. Loomis)将该书的书名英译为"Community and Society",即将德文"Gemeinschaft"译为英文"Community",将"Gesellschaft"译为"Society","Community"随即成为美国社会学研究的主要概念。"Community"源于拉丁语 commūnitās,有共同性、社会生活、团体、社区、共有、社团等含义。

美国芝加哥学派的"社区研究",注重地域社会的经验研究,形成了一系列的社区理论,这也影响着中国社会学界以社会学家吴文藻为代表开展的"社区研究"。在1933年美国社会学家帕克访华前,中国的社会学界把"Community"和"Society"都翻译为"社会",后来由于帕克强调"Community is not society",以中国社会学家费孝通为代表的一批学者将"Community"翻译为新创词语"社区",这个时期对"Community"的理解带有明显的"地域"特性,符合当时中国社会学研究需要[①]。

随着社会的发展、各种现代技术的突飞猛进,人与人之间的联系需求越来越强烈,也越来越便利,人们的社会联系和交往越来越不受制于地域,于是出现了"脱域共同体"[②]。如前所述,与英文"Community"对应的德文"Gemeinschaft",滕尼斯认为它是注重人与人之间情感的,对"Gemeinschaft"具有归属感和认同感,以强调地域的"社区"来解释显然不够全面,所以,"Community"被研究者理解为更加注重成员之间的情感联系,不再是只强调地域边界的"共同体"。

关于共同体的概念有不同的说法。如有学者认为其本质是成员在密切的交往互动过程中构建起来的强关系网络体系[③],该观点强调成员间的强关系;有研究者认为它是基于人与人之间的归属感和认同感等社会心理因素凝聚而成,是一种自然而然的社会联结方式[④],该观点强调了成员的心理因素或共同体的精神氛围。由此可见,在共同体中,人们有相似的价值观和行为模式,具

[①] 赵健.学习共同体[D].上海:华东师范大学,2005:16.
[②] 赵健.学习共同体[D].上海:华东师范大学,2005:16-17.
[③] 谢泉峰.基于网络学习空间的混合式学习共同体构建研究[D].长沙:湖南师范大学,2018:64.
[④] 刘子恒.非正式学习共同体知识共享机制研究[D].武汉:华中师范大学,2012:17.

有共同的归属感和认同感,成员遵守共同体的行为规范,相互学习,频繁互动分享,从而形成较为稳定的群体。目前,共同体得到了越来越多的运用,如"科学共同体""文化共同体""政治共同体""人类命运共同体"等。共同体的思想引入教育领域出现了"学习共同体"。

二、学习共同体

学习共同体是由"learning community"翻译而来,也有的学者将"learning community"翻译为学习社区,如前文所述对"community"的理解,本研究采用"学习共同体"一词。学习共同体(learning community)是由美国学者博耶尔(Ernest L. Boyer,1995)在《基础学校:学习的共同体》的报告中提出的。他认为,有效的学校教育首要的且最重要的要素是在学校建立真正意义上的学习共同体。进一步地,他指出学校必须"有共享的愿景,能够彼此地交流,人人平等,有规则纪律约束,关心照顾学生,气氛是快乐的"。之后,学习共同体逐渐成为教育界研究热点之一。研究者不但讨论学校层面的学习共同体,还关注社会层面一切学习者如何构建学习共同体的研究;不但研究在教师的指导下,学生之间不断交流形成的学习共同体,还研究教师专业发展过程中形成的教师学习共同体。

由前述"共同体"的涵义引申至"学习共同体"概念的涵义可以得知,学习共同体是指学习者及其助学者(包括专家、教师、辅导者)共同构成的团体,在学习过程中彼此沟通交流,分享各种学习资源,共同完成一定的学习任务。在这个过程中,成员之间形成相互影响、相互促进的人际关系,形成一定的规范和文化。学习共同体是学习中的人(包括教师和学生、学生和学生之间)通过人际交互而形成的关系或团体。

从学习共同体的涵义,我们可以看出学习共同体强调如下几点。

首先,强调学习共同体成员有共同的目标,如构建知识、获取技能等。在良好的学习氛围或环境下,成员的积极交互应有清晰的学习目标,而不是漫无目的的闲谈。这需要组织者(如教师或指定的学生)发挥一定的管理职能,通过布置任务、讨论话题等手段帮助学习共同体成员不偏离学习目标。

其次,强调人际的深度交流。人际交流包括学生与学生之间的交流、教师与学生之间的交流。在学校制度化教育中,即正式学习中,人际交流主要是在教师的指导下有目的进行的;在非正式学习中,人际交流可能是学生由于共同的目标、兴趣、价值观或精神需求而形成的。共同体成员自由地、密切地彼此沟通,在这个过程中协作完成任务,彼此促进,从而达到对学习内容的理解和掌握。

再次,强调良好的文化氛围。学习共同体成员间能够基于精神上的、情感上的彼此认同,对学习共同体有较强的归属感,形成学习共同体的社会文化氛围。良好的社会文化氛围是学习共同体成员通过人际密切的互动或交互而形成的,在此过程中成员互相帮助、彼此支持、积极分享,增强了对共同体的认同感和信任感,为学习顺利进行提供基本条件。

三、混合式学习共同体

随着社会的发展、技术的革新和进步,学习共同体可以是在同一个物理时空下形成的,也可以是成员间通过远程通信工具而形成。正如学者本尼迪克特·安德森(Benedict Anderson)的观点,他将"共同体"分为两类:一类是实体的、面对面长期交流的人群所形成的规模较小的共同体;另一类则是通过同一个媒介、以集体的共同想象形成的规模较大的共同体[①]。由此可见,学习共同体有"实体"和"虚拟"之分。由于网络使人与人之间的交流打破了时空的限制,各种远程的、非面对面的交流形成的"虚拟学习共同体"都是基于网络技术,因此,虚拟学习共同体也可以称之为"网络学习共同体"。将"实体学习共同体"和"网络学习共同体"结合起来,即为混合式学习共同体。

此外,从学习共同体强调的"人际交互(或交流)"角度来说,交互需要不同的媒介。现代的教学中人际交互可以是在面对面课堂中师生在同一物理时空下产生,也可以是通过各种工具、媒体将不同地点的人连接起来产生,如网络教学平台、通信设备及社交软件等。其中,人际远程的或通过社会性软件的交流在当前非常普遍。社会性软件(Social Software)指可以促使团体或社群沟通和协作的软件,如网络教学平台、E-mail、博客、Wiki、手机社交 App 等。这些软件具有社会性,在使用过程中能够促进用户社会关系网络的建立与发展,促进集体协作关系的形成与构建。在教与学领域中,社会性软件使得学习过程中的交流、协作更加方便快捷,知识的获取、传递更加易于实现,成为有效的网络知识管理工具[②]。

---

① 谢泉峰.基于网络学习空间的混合式学习共同体构建研究[D].长沙:湖南师范大学,2018:62.

② 李哲,解月光.基于社会性软件的思维教学:模型与策略[J].中国电化教育,2015(10).

实践性课程的混合式教学中,线下面对面的课堂教学及教学交互,在教师的指导下构建线下的学习共同体。此外,由于实践性课程不仅需要学生对基础理论知识的掌握,还强调学生实际动手操作能力的培养,且在这个过程中要充分发挥学生的创造性思维,对学生的要求较多,所以课后的学习仍在继续。课后学生通过线上资源进行学习,遇到问题需要通过各种软件工具进行交流,如学生在网络平台上提问,教师解答;教师布置设计或制作的任务,学生自主学习,遇到问题彼此通过各种社会性软件进行讨论、彼此启发并解决问题,在此过程中构建网络学习共同体。该实践性课程的教学过程,将面对面的"实体学习共同体"和基于社会性软件的"网络学习共同体"结合起来,形成了"混合式学习共同体"。在这种混合式学习共同体中,强调人际的深度交互、构建学习的良好的社会文化氛围。

本章第二节研究混合式学习共同体中的网络学习共同体的特征及量性描述问题,以更好地了解网络学习共同体中的人际交互深度及规律。第三节、第四节分别探讨构建混合式学习共同体的影响因素、形成混合式学习共同体的机制,从而为高校实践性课程的混合式教学提供参考。

第二节 网络学习共同体的量性描述

在实践性课程的混合式教学中,面对面课堂中的师生在同一个物理时空,人际交互实时便利,教师布置讨论任务时,可以在现场把控讨论交流的内容、节奏、深度等,由此构建"实体学习共同体"较为容易实现。而课堂外,以学生在网络上自主学习,必要的时候针对实践性课程中的问题进行讨论交流而形成的"网络学习共同体",这个过程较难实施,也较难界定。"网络学习共同体(Online Learning Community,OLC)"在网络信息时代的教育研究领域中已引起了大量的关注。从严格意义上说,"网络学习共同体"不应只是一类学习组织形式的泛称,而应有其基本的界定和特征描述,厘清了这些,才能更好地了解网络学习共同体中人际交互的深度及规律。

实证研究是网络学习共同体研究中常用的研究范式,而在实证研究中,对重要概念或研究变量做操作性定义是实证研究是否能够开展下去、是否有价值的重要前提[1],操作性定义是根据可观察、可测量或可操作的特征来界定变量含义的方法(董奇,1992)[2]。纵观现有研究,关于"网络学习共同体的概念"以及"网络学习共同体的特征"的探讨大都是理论上的、抽象的描述,因此有必要在此基础上,根据网络学习共同体可观察、可测量的指标对网络学习共同体的特征从量化的角度进行描述。本节对混合式学习共同体中的"网络学习共同体"的特征及量性描述问题进行研究。

一、网络学习共同体内涵及特征

(一)网络学习共同体内涵

网络学习共同体是指网络环境下由多个学习者共同构成一个团体,在学习过程中各成员之间进行沟通、交流、分享,共同完成一定的学习任务,形成相互影响、相互促进的人际联系(Wenger等,2002[3];张建伟等,2005[4])。

网络学习共同体以成员间深层对话的方式,达到知识建构和学习的目的(陶侃,2009)[5]。

非但如此,有研究表明,通过在网络学习共同体中的学习,成员的认知能力、智力、人际关系等方面都有所提高(Chia等,2014)[6]。

在网络学习共同体中,人际交互被高度重视。Tang(2014)[7]认为,交互以及交互的质量使学习过程更有意义和更有持续性,并进一步指出这些交互依托于合作性、交互性的课程设计,以及成员的承诺和支持。

---

[1] 李方.教育研究的概念性定义和操作性定义[J].教育导刊,2009(9):12.

[2] 董奇.心理与教育研究方法[M].广州:广东教育出版社,1992:186.

[3] Wenger E, McDermott R A, Snyder W M. Cultivating communities of practice: A guide to managing knowledge[C]. Boston, MA: Harvard Business School Press, 2002: 34.

[4] 张建伟,孙燕青.建构性学习:学习科学的整合性探索[M].上海:上海教育出版社,2005:34-48.

[5] 陶侃.网络学习中虚拟团队的形成与交互机制解析[J].现代远距离教育,2009(4):26-30.

[6] Chia, H P, Pritchard A. Using a virtual learning community (VLC) to facilitate a cross-national science research collaboration between secondary school students[J]. Computers & Education, 2014 (79): 1-15.

[7] Tang E, Lam C. Building an effective online learning community (OLC) in blog-based teaching portfolios[J]. Internet and Higher Education, 2014 (20): 79-85.

Czerkawski 等(2016)[1]提出了一些教学设计策略,培养网络学习成员高度的、积极的参与性,以保证深层人际交互的实际效果。

可见,在网络学习共同体中,成员通过充分的人际交互达到知识意义建构的目的是网络学习共同体的基本内涵,同时也是网络学习共同体的本质所在。

(二)网络学习共同体的特征

1. 知识意义和社会关系的双重建构

强调知识意义和社会关系的双重建构,是网络学习共同体的最基本特征。

网络学习共同体关注社会文化的学习情境、知识意义的协商和学习者社会身份的构建(高文,2009[2];郭永志,2011[3])。

建构主义关于"学习是知识的社会协商"观点,强调了知识的社会性特征,在网络学习共同体中,知识分布于共同体成员之中,发生人际交互也就意味着构建社会关系,同时也进行了知识的构建,所以学习共同体中知识建构和社会建构统一于同一个过程。由此可见,在网络学习共同体中,无论是从目的上——知识的构建,还是从方式上——社会人际关系的构建,都离不开一个基本问题,即承载着知识的个体之间发生联系,形成了学习共同体中知识意义和社会身份的双重建构。

Laffey(2009)[4]等人甚至以社会性学习理论为基础,提出学习共同体是社会性学习的基本单位,并指出在线学习环境的社会性属性包括社会性技能、共同体感觉及学习满意度三个要素。

2. 共同体精神氛围及凝聚力

高度的共同体凝聚力,是网络学习共同体形成的必要条件。由网络学习

---

[1] Czerkawski B C, Lyman E W. An Instructional Design Framework for Fostering Student Engagement in Online Learning Environments[J]. TechTrends, 2016(6): 532-539.

[2] 高文. 学习科学的关键词[M]. 上海:华东师范大学出版社,2009:88.

[3] 郭永志. 基于学习共同体理论的网络学习模式研究[J]. 中国电化教育,2011(08):55-59.

[4] Laffey J, Tsai I C, Amelung C, Hong R Y, Galyen K, Goggins S. The role of social information for social ability: sense of community and satisfaction in online learning[A]. AERA. Annual Conference of American Educational Research[C]. San Diego, CA: AERA, 2009: 166-173.

共同体注重知识意义和社会关系的双重建构可知,"学习群体中成员之间需要进行自发的、有效的、深度的会话与协商,而这需要相应的精神倾向、情感归依和心理认同"[①]。也就是说,成员在完成任务的过程中体验交互的愉悦、学习的满足,从而形成共同的、统一的精神力量,而这种精神力量又促使共同体成员更积极地参与学习和交互,形成具有高度凝聚力的学习共同体。Wenger (2002)[②]等在网络实践共同体(Online Communities of Practice)研究中也尤其强调共同体中成员在建立相互联系的人际关系的过程中,发展相应的归属感(Sense of belonging)和相互的承诺(Mutual commitment)的重要性。共同体成员心理上的承诺感、归属感形成,学习共同体良好的精神氛围和凝聚力也随之逐渐形成。良好的共同体氛围是构建网络学习共同体必要的精神条件,同时它也促进了网络学习共同体的稳定性和学习效果的提高。

二、研究设计

(一)研究思路

研究是通过考察一个网络学习共同体实例而进行的。该网络学习共同体实例是研究者(教师)在 Sakai 学习平台"Wiki"功能模块下开展的讨论。讨论主体是 38 名本科学生,加上教师共 39 人。研究的基本思路是,以上述网络学习共同体的基本特征为框架,将其转化为可观察、可操作的指标,对该网络学习共同体实例进行分析,探索网络学习共同体特征描述的量性指标。

(二)研究方法

1. 社会网络分析法

社会网络分析(Social Network Analysis,SNA)是基于图论的思想从群体动力学角度来考察社会实体(个体、社会组织等)间的关系连接及其结构特征的一种研究取向(Wasserman & Faust,1994)。传统研究通常考察反映社会实体的态度、观点、行为等性质、特点方面的信息,即属性数据(Attribute Data)。关系是指社会实体之间的联系,而非社会实体的属性。关系数据

[①] 潘洪建."学习共同体"相关概念辨析[J].教育科学研究,2013(08):12-16.
[②] Wenger E, McDermott R A, Snyder W M. Cultivating communities of practice: a guide to managing knowledge[M]. Boston, MA: Harvard Business School Press, 2002: 34.

(Relational Data)是关于接触、联络、关联、群体依附等方面的数据(Scott, 2000)[①],主要有网络结构图和矩阵法两种呈现方式。社会网络分析正是通过对关系数据的系统分析来考察关系及其网络的特征。网络结构图用节点(node)表示社会实体,节点间的连线(link)表示关系,直观地呈现一个网络各个节点之间的关系。

通过社会性软件进行学习,进而形成学习共同体的过程必然涉及学习者之间的交互关系。这种交互关系是形成学习社会网络的基本成分,所以,网络学习共同体中学习者之间的网络关系是重要的研究内容。本研究采用社会网络分析法来分析这些网络关系。具体说来,考察学习共同体是否形成,需要分析在社会性软件(如网络学习平台、Wiki、网络论坛、微博等)的支持下各个学习者之间发生的各种交流,需要考察个体之间交互的程度,由个体之间交互关系组成的整体的关联度、凝聚力等来衡量是否构成了一个学习共同体。

2. 内容分析法

运用内容分析法分析基于 Wiki 下主题讨论的内容。为了考察学习共同体知识的构建情况、学习者联系和交互的实际情况,研究不仅仅考虑回帖的有无、讨论的次数,还要结合帖子所蕴含的文本信息及其意义的内容分析,考察学习者之间有效的交互关系。

(三)数据分析工具:UCINET 6 软件

UCINET(University of California Irivne NETwork)是一款社会网络分析软件,包括整体网和个体网分析、假设验证等,其基本的分析对象是关系数据。利用 UCINET 除了可以进行关系(网络)数据的研究,还可以进行传统属性数据的统计分析,如相关分析、回归分析、因素分析等。本节(第二节)利用该软件进行关系数据的分析,如对网络学习共同体的形成进行量化意义上的描述,第三节分析网络学习共同体影响因素中的"关系因素"。

(四)数据的采集和编码

研究采用内容分析法考察学习共同体成员间的实质关系,即分析学习有

---

① Scott, John. Social Network Analysis: A Handbook[M]. London: Sage Publications Ltd, 2000.

无发生、知识有无构建、构建的程度如何,而不是单纯考察有无回帖的形式关系。另外,为了考察知识的传递和流动,研究采用了有向赋值法。学习者响应教师提出的问题,成员之间进行相互的评论,这种交互关系是一种有向赋值关系。使用有向赋值矩阵,矩阵中的行代表关系的发送者,列代表关系的接收者,矩阵中的数据代表两个成员之间的关系强度。举例来说,如果学生 S1 给另一位学生 S2 一个有意义的回复,则关系矩阵中由行向量 S1 向列向量 S2 的对应值为 1,有两个有意义的回复则其值为 2……以此类推;若 S2 没有回复 S1,则关系矩阵中行向量 S2 向列向量 S1 对应的值为 0,其多值有向关系矩阵如图 4-2-1 所示。图 4-2-1 的矩阵若进行二值化处理(只要有关系,即值大于等于 1,都用 1 表示;没有关系用 0 表示),则二值有向图如图 4-2-2 所示。

	S1	S2	S3	S4
S1	0	2	0	1
S2	0	0	1	0
S3	1	0	0	0
S4	1	0	4	0

图 4-2-1 多值有向关系矩阵示例   图 4-2-2 二值有向图示例

本研究的 Wiki 主题讨论所形成的关系矩阵,如图 4-2-3 所示(其中 T 表示教师,S1—S38 表示 38 位学生)。对应的二值有向图,如图 4-2-4 所示。

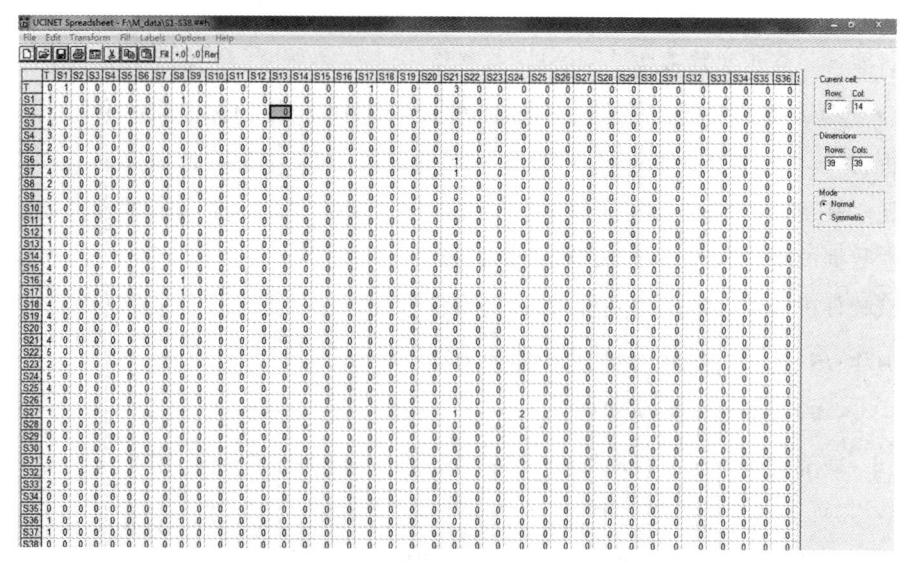

图 4-2-3 Wiki 主题讨论所形成的关系矩阵

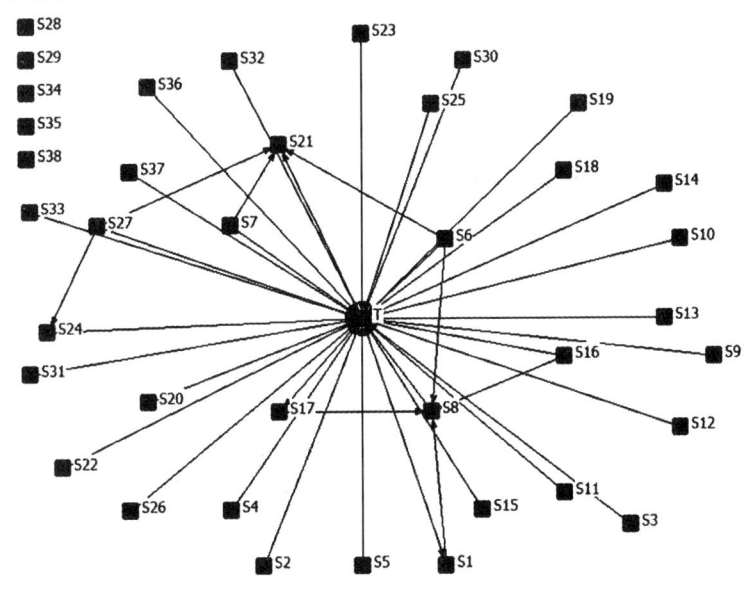

图 4-2-4　Wiki 主题讨论二值有向图

(五)研究的过程

网络学习共同体中知识意义和社会关系的双重建构、共同体凝聚力的形成,需要成员之间的交互,如探讨、相互的评论等,这就形成了成员间的"关系(Relationship)"。成员通过一系列关系相连,就构成了这个群体的社会网络。社会网络分析(Social Network Analysis)是一种识别、测量和检验行为人(Actor)之间关系的结构形式和实质内涵的研究方法[1]。近年来,这种以"关系"为研究对象的方法越来越多地运用在多种学科领域中。本研究以学习共同体成员间的交互关系为基础构建社会网络,利用社会网络分析法和 Ucinet 6 工具,将网络学习共同体中知识意义和社会关系的双重建构、共同体的凝聚力转化为可以量性描述的指标进行分析,具体如下。

1.建立学习关系矩阵

社会网络分析的考察对象是社会网络,即成员之间形成的关系,其基础是相应关系矩阵的建立。因此,本研究采集各个成员在形式上发生联系的数据,

---

[1] 戴维·诺克,杨松.社会网络分析(第二版)[M].李兰,译.上海:格致出版社,上海人民出版社,2012.

如相互回复帖子、对某成员提出的问题开展讨论等,建立人际交互关系矩阵。但是,仅仅有形式上的人际关系还不足以说明发生了有意义的学习,所以本研究对各位学习者的发言进行内容分析,筛选有知识意义建构的数据,同时考虑信息流动的方向,用有向关系矩阵表示成员间发生学习交互所构成的学习关系,其中 T 表示教师,S1—S38 表示 38 位学生。

2. 知识意义和社会关系双重建构的考察

结合社会网络分析法及相应工具 Ucinet 6 的功能特点,基于学习关系矩阵,对网络学习共同体知识意义和社会关系双重建构的量性考察指标是:

第一,"整体网关联度分析",考察网络学习共同体成员间的可达性,即成员相互联络的可能性;

第二,"整体网密度分析"和"个体网密度分析",考察成员之间互相联络的平均程度。

3. 共同体凝聚力的考察

在社会网络分析中,网络凝聚力可以通过"距离分析"和"凝聚力分析"进行测量,二者共同成为网络学习共同体特征描述的第三个量性指标。"距离分析"是在测量了网络的关联性、可达性的基础上,进一步考察网络成员之间通过多少节点达到彼此沟通;"凝聚力分析"是量化分析全部学习成员通过关系联系在一起的紧密程度。

三、网络学习共同体特征的量性描述

(一)共同体成员间相互联络的可能性

网络学习共同体中成员相互联络的可能性是分析网络学习共同体特征的基础,因为它是考察一个网络学习群体是否形成网络学习共同体的前提条件。社会网络分析理论中,"网络关联度"C,即"可达性",表示社会网络中的任何两点之间是否建立联系[1]。"网络关联度"的具体计算公式为 $C=1-\dfrac{V}{N(N-1)/2}$,其中 V 是网络中不可达的点的对数,N 是网络的规模。C 介于 0 到 1 之间,C 值越接近 1,表明网络关联度越大,成员之间的可达性越大;C 值越接近 0,表示网络关联度越小,成

---

[1] 刘军.整体网分析(第二版)[M].上海:格致出版社,上海人民出版社,2014.

员之间的可达性越小。利用 Ucinet 6 中的“网络关联度分析”，可考察共同体成员相互联络的可能性。首先对学习关系矩阵进行对称化处理，得到无向矩阵，然后通过 Ucinet 6 软件分析得出可达距离矩阵，如图 4-2-5 所示：

```
Geodesic Distances

                          1 1 1 1 1 1 1 1 1 1 2 2 2 2 2 2 2 2 2 2 3 3 3 3 3 3 3 3 3 3
        1 2 3 4 5 6 7 8 9 0 1 2 3 4 5 6 7 8 9 0 1 2 3 4 5 6 7 8 9 0 1 2 3 4 5 6 7 8 9
        T S S S S S S S S S S S S S S S S S S S S S S S S S S S S S S S S S S S S S S
        - - - - - - - - - - - - - - - - - - - - - - - - - - - - - - - - - - - - - - -
 1   T  0 1 1 1 1 1 1 1 1 1 1 1 1 1 1 1 1 1 1 1 1 1 1 1 1 1 1 1     1 1 1 1     1 1
 2  S1  1 0 2 2 2 2 2 2 1 2 2 2 2 2 2 2 2 2 2 2 2 2 2 2 2 2 2 2     2 2 2 2     2 2
 3  S2  1 2 0 2 2 2 2 2 2 2 2 2 2 2 2 2 2 2 2 2 2 2 2 2 2 2 2 2     2 2 2 2     2 2
 4  S3  1 2 2 0 2 2 2 2 2 2 2 2 2 2 2 2 2 2 2 2 2 2 2 2 2 2 2 2     2 2 2 2     2 2
 5  S4  1 2 2 2 0 2 2 2 2 2 2 2 2 2 2 2 2 2 2 2 2 2 2 2 2 2 2 2     2 2 2 2     2 2
 6  S5  1 2 2 2 2 0 2 2 2 2 2 2 2 2 2 2 2 2 2 2 2 2 2 2 2 2 2 2     2 2 2 2     2 2
 7  S6  1 2 2 2 2 2 0 2 1 2 2 2 2 2 2 2 2 2 2 2 2 1 2 2 2 2 2 2     2 2 2 2     2 2
 8  S7  1 2 2 2 2 2 2 0 2 2 2 2 2 2 2 2 2 2 2 2 2 1 2 2 2 2 2 2     2 2 2 2     2 2
 9  S8  1 1 2 2 2 2 1 2 0 2 2 2 2 2 2 2 1 1 2 2 2 2 2 2 2 2 2 2     2 2 2 2     2 2
10  S9  1 2 2 2 2 2 2 2 2 0 2 2 2 2 2 2 2 2 2 2 2 2 2 2 2 2 2 2     2 2 2 2     2 2
11 S10  1 2 2 2 2 2 2 2 2 2 0 2 2 2 2 2 2 2 2 2 2 2 2 2 2 2 2 2     2 2 2 2     2 2
12 S11  1 2 2 2 2 2 2 2 2 2 2 0 2 2 2 2 2 2 2 2 2 2 2 2 2 2 2 2     2 2 2 2     2 2
13 S12  1 2 2 2 2 2 2 2 2 2 2 2 0 2 2 2 2 2 2 2 2 2 2 2 2 2 2 2     2 2 2 2     2 2
14 S13  1 2 2 2 2 2 2 2 2 2 2 2 2 0 2 2 2 2 2 2 2 2 2 2 2 2 2 2     2 2 2 2     2 2
15 S14  1 2 2 2 2 2 2 2 2 2 2 2 2 2 0 2 2 2 2 2 2 2 2 2 2 2 2 2     2 2 2 2     2 2
16 S15  1 2 2 2 2 2 2 2 2 2 2 2 2 2 2 0 2 2 2 2 2 2 2 2 2 2 2 2     2 2 2 2     2 2
17 S16  1 2 2 2 2 2 2 2 1 2 2 2 2 2 2 2 0 2 2 2 2 2 2 2 2 2 2 2     2 2 2 2     2 2
18 S17  1 2 2 2 2 2 2 2 1 2 2 2 2 2 2 2 2 0 2 2 2 2 2 2 2 2 2 2     2 2 2 2     2 2
19 S18  1 2 2 2 2 2 2 2 2 2 2 2 2 2 2 2 2 2 0 2 2 2 2 2 2 2 2 2     2 2 2 2     2 2
20 S19  1 2 2 2 2 2 2 2 2 2 2 2 2 2 2 2 2 2 2 0 2 2 2 2 2 2 2 2     2 2 2 2     2 2
21 S20  1 2 2 2 2 2 2 2 2 2 2 2 2 2 2 2 2 2 2 2 0 2 2 2 2 2 2 2     2 2 2 2     2 2
22 S21  1 2 2 2 2 2 1 1 2 2 2 2 2 2 2 2 2 2 2 2 2 0 2 2 2 2 2 1     2 2 2 2     2 2
23 S22  1 2 2 2 2 2 2 2 2 2 2 2 2 2 2 2 2 2 2 2 2 2 0 2 2 2 2 2     2 2 2 2     2 2
24 S23  1 2 2 2 2 2 2 2 2 2 2 2 2 2 2 2 2 2 2 2 2 2 2 0 2 2 2 2     2 2 2 2     2 2
25 S24  1 2 2 2 2 2 2 2 2 2 2 2 2 2 2 2 2 2 2 2 2 2 2 2 0 2 2 1     2 2 2 2     2 2
26 S25  1 2 2 2 2 2 2 2 2 2 2 2 2 2 2 2 2 2 2 2 2 2 2 2 2 0 2 2     2 2 2 2     2 2
27 S26  1 2 2 2 2 2 2 2 2 2 2 2 2 2 2 2 2 2 2 2 2 2 2 2 2 2 0 2     2 2 2 2     2 2
28 S27  1 2 2 2 2 2 2 2 2 2 2 2 2 2 2 2 2 2 2 2 2 1 2 2 1 2 2 0     2 2 2 2     2 2
29 S28                                                          0
30 S29                                                            0
31 S30  1 2 2 2 2 2 2 2 2 2 2 2 2 2 2 2 2 2 2 2 2 2 2 2 2 2 2 2     0 2 2 2     2 2
32 S31  1 2 2 2 2 2 2 2 2 2 2 2 2 2 2 2 2 2 2 2 2 2 2 2 2 2 2 2     2 0 2 2     2 2
33 S32  1 2 2 2 2 2 2 2 2 2 2 2 2 2 2 2 2 2 2 2 2 2 2 2 2 2 2 2     2 2 0 2     2 2
34 S33  1 2 2 2 2 2 2 2 2 2 2 2 2 2 2 2 2 2 2 2 2 2 2 2 2 2 2 2     2 2 2 0     2 2
35 S34                                                                      0
36 S35                                                                        0
37 S36  1 2 2 2 2 2 2 2 2 2 2 2 2 2 2 2 2 2 2 2 2 2 2 2 2 2 2 2     2 2 2 2     0 2
38 S37  1 2 2 2 2 2 2 2 2 2 2 2 2 2 2 2 2 2 2 2 2 2 2 2 2 2 2 2     2 2 2 2     2 0
39 S38                                                                              0
```

图 4-2-5　整体网的可达距离矩阵

V 是可达距离矩阵对角线上方“0”的总数。由图 4-2-5 的可达距离矩阵可见，V＝0，则 C＝1，即关联度为 1。这表明该网络学习共同体中各个学习者之间都是可通达的，相互联络的可能性较大，可以自由沟通。

（二）知识意义和社会关系的双重建构描述

在上述网络学习共同体成员间具有相互联络的可能性的基础上，需要继续考察成员知识意义和社会关系的双重建构情况。由于学习关系矩阵是基于各成员进行有意义的学习时发生的人际关系而构建的，对该学习关系矩阵进行进一步分析，可考察共同体成员间互相联络的程度，从而对共同体成员知识意义和社会关系的双重建构情况进行描述。

根据社会网络分析法,整体网络中 N 个成员之间互相联络的程度可以通过 Ucinet 6 中的"整体网密度分析"来测量[①]。密度值介于 0 到 1 之间,整体网密度值越接近 1,表明网络密度越大;整体网密度值越接近 0,表示网络密度越小。整体网密度越大,表明网络成员之间的联系越紧密,该网络对其中成员的态度、行为等产生的影响就越大[②]。本网络学习共同体实例的"整体网密度分析"数据,如图 4-2-6 所示:

```
DENSITY / AVERAGE MATRIX VALUE

Input dataset:            F:\M_data\S1-S38
Output dataset:           C:\Program Files
                   Avg Value         Std Dev
                   ---------         -------
S1-S38              0.0675            0.4670
```

图 4-2-6　"整体网密度分析"数据

由图 4-2-6 的数据可见,实例中学习网络的整体网密度值为 0.0675,相对 1 来讲,它是很小的值,说明该学习共同体中的学习网络是结构相对松散的社会网络,成员之间的交流和沟通较少,整体上来说成员参与交流活动的频率不高。

为了进一步考察成员之间如何相互联络,又分析了此学习网络的"个体网密度",其中"个体网络规模(Size of ego network)"指标可以考察以某个体为中心发生联系的总数,对本例来讲,就是从教师 T、学生 S1 至学生 S38 每个人的角度来看,与其发生联系的个数。结果显示,教师 T 的个体网络规模最大,为 33;其次是 S8,发生联系数为 5;然后是 S21,发生联系数为 4;再就是 S6、S27,发生联系数为 3,其余大部分发生联系数都为 1。由此可见,该网络学习共同体中,绝大部分联系是学生(S1—S38)针对教师 T 而发出的,而学生之间发生的评论和互动非常少,仅仅体现为 S8、S21、S6、S27 等几个为数不多的学习交互。

(三)网络学习共同体的凝聚力描述

在社会网络分析中,"凝聚力分析"是考察一个集体的全部成员通过关系联系在一起的紧密程度。凝聚力和关联度都是用来考量成员之间联系的程

[①] 戴维·诺克,杨松.社会网络分析(第二版)[M].李兰,译.上海:格致出版社,上海人民出版社,2012.

[②] 刘军.整体网分析(第二版)[M].上海:格致出版社,上海人民出版社,2014.

度,但二者不是一个概念,关联度是凝聚力的必要不充分条件,即网络有"凝聚力",其中的行动者必须是关联的,否则该集体不可能有凝聚力;但是,即使成员间都是"关联的",该集体未必有凝聚力[①]。由上可知,本实例中网络学习共同体的联系程度已经满足了发生凝聚力的客观条件——网络的关联度较大,网络中的各点是可达的。在此基础上,利用 Ucinet 6 中的"距离分析"和"凝聚力分析"来进一步探究网络成员之间是通过多少节点达到彼此沟通,分析全部学习成员通过关系联系在一起的紧密程度,对网络学习共同体的凝聚力进行量化描述。结果如图 4-2-7 所示。

```
Average distance (among reachable pairs)    = 1.922
Distance-based cohesion ("Compactness")     = 0.067
   (range 0 to 1; larger values indicate greater cohesiveness)
Distance-weighted fragmentation ("Breadth") = 0.933
```

图 4-2-7　任何两点之间的距离及凝聚力指数

由数据图 4-2-7 可见,该网络学习群体中任何两个成员之间的平均距离(Average distance)为 1.922,这个数值是比较小的,表明任何两位学习者可以通过不到两个人的距离进行交互,学习者之间的通达是便利的,与上述"关联度"或"可达性"分析结果一致。但是,基于距离的凝聚力指数(Distance-based cohesion)仅为 0.067,凝聚力指数的范围是由 0 到 1,值越大表明凝聚力越大,所以此凝聚力指数表明该网络学习共同体的凝聚力较低。

社会网络分析理论认为,如果一个网络的密度和关联度是通过一个核心点增加的,即该网络对此核心点有很大的依赖关系,则该网络的凝聚力小[②]。本实例的学习网络中,几乎所有的点 S1—S38(学生)都与点 T(教师)发生联系,若不存在 T 点,则该网络几乎解散。另外,由上述"个体网络密度"的测度及分析,也说明了同样的情况。

从量化角度来看,本网络学习共同体实例中,成员只是具有联系的可能性,成员之间知识意义和社会关系的建构程度很弱,是一个凝聚力低的学习群体。该实例研究为知识意义和社会关系构建效果强、凝聚力高的网络学习共同体提供了反证。所以,一个学习氛围和学习效果良好的网络学习共同体,其特征的量性描述可以总结为:网络的关联性高,整体网密度和个体网密度高,

---

[①] 刘军.整体网分析(第二版)[M].上海:格致出版社,上海人民出版社,2014.
[②] 刘军.整体网分析(第二版)[M].上海:格致出版社,上海人民出版社,2014.

成员之间的距离小且网络的凝聚力指数高。

四、结论和讨论

基于网络学习共同体的基本特征,结合社会网络分析法和相关分析工具 Ucinet 6 的功能,通过对一个网络学习共同体实例的量性分析,本研究对网络学习共同体特征的量性描述思路和方法进行了探索。量性分析包括三个依次递进的指标:

第一,"网络关联度分析"考察网络学习共同体中成员间相互联络的可能性。研究实例中网络学习共同体的网络关联度是1,网络成员之间都是可达的,表明该 Sakai 学习平台中学习者之间的沟通是无障碍的,达到了网络学习空间人人通,这是形成网络学习共同体的先决条件。

第二,"整体网密度分析"为在学习成员之间具有联络可能性的基础上,量性分析成员之间互相联络的平均程度,从而对网络学习共同体中知识意义和社会关系的双重建构进行描述。通过"个体网密度分析"进行成员间联系次数的横向比较,以进一步了解该网络的结构。

第三,网络成员之间的"距离分析"和群体"凝聚力分析"用来描述网络学习共同体的凝聚力。在了解网络成员间发生联系的可能性、联系的程度以及网络结构的基础上,"距离分析"更进一步考察网络成员之间是通过多少节点达到彼此沟通;群体"凝聚力分析"又从整体上考量全部学习成员通过关系联系在一起的紧密程度。利用这两个指标,量化测度了实例网络学习群体中成员的联系紧密程度,结果表明该实例网络凝聚力低,与相应的网络密度及网络结构特征是一致的。

需要说明的是,知识的建构有不同的层次、不同的效果,需基于内容分析法给这二者赋值,然后构建多值有向关系矩阵进行分析。本研究在分析网络学习群体中的关系时使用的是二值有向矩阵,这简化了知识构建方面的考察。为了更细致地研究网络学习共同体中的本质关系,应在后续研究中加强多值有向矩阵的社会网络分析。

第三节　混合式学习共同体形成的影响因素

一、研究的设计

本节从主观因素、客观因素、关系因素三个方面考察混合式学习共同体形成的影响因素。其中通过问卷调查法(调查问卷见附录2,调查的对象是教育技术学专业的37名大学一年级学生),从学生的感受出发探讨主观因素和客观因素;通过社会网络分析法,分析关系因素"中心性"。三个方面的具体情况如下:

主观因素包括对学习主题的兴趣、参与学习的原因、参与学习的自由性(如是自发的还是被动的)、学习者的信息技术素养、对特定交流软件或社会性软件的习惯程度等。

客观因素维度考察了影响"形成混合式学习共同体"的可能客观因素,包括网络学习任务本身的难易程度和性质、交流软件的功能特点、使用的上网硬件设备的特点、上网的便利性等。

关系因素与上述主、客观属性数据的影响因素不同,"中心性"是考察社会网络中的各个行为人(成员)的可见性的关系变量。通过分析社会网络的"中心性",找出重要的或突出的行为人,评估所有行为人的知名度在一个网络中的分散程度或不平衡程度[①]。"中心性"包括整体网的"中心度(centrality)"和"中心势(centralization)",其中后者测量的是一个图在多大程度上围绕某个或某些特殊点建构起来[②]。研究利用关系变量"中心性"考察其对混合式学习共同体构建的影响。

二、混合式学习共同体形成的影响因素分析

(一)主观因素

混合式学习共同体的主体是学习者,他们作为混合式学习共同体中社会

[①] 戴维·诺克,杨松.社会网络分析(第二版)[M].李兰,译.上海:格致出版社,上海人民出版社,2012.10.
[②] 刘军.整体网分析(第二版)[M].上海:格致出版社,上海人民出版社,2014.8.

网络的节点是具有主观能动性的社会能动者(social agent),其自身是具有"反思"和"行动力"的[①],他们的个体属性尤其是能动性,即主观方面的因素对形成混合式学习共同体具有相应的影响。本部分研究所讨论的学习者本身的主观因素包括:对学习主题的兴趣、参与学习的原因、参与学习的自由性(如是自发的还是被动的)、学习者的信息技术素养、对特定交流软件的习惯程度等。其统计量及统计项汇总,如表 4-3-1 所示。

1. 对学习主题的兴趣

对网络学习主题的兴趣是进行网络学习行为的推动力量,也是影响学习效果的重要因素。本研究中基于 Sakai 平台进行的讨论式学习中,表 4-3-1 第 2 列中"对学习主题很感兴趣"的调查数据显示,对学习主题很感兴趣的占 21.6%,一般程度的感兴趣占 70%。总体来看,大部分学习者对讨论主题本身是感兴趣的,但是感兴趣的程度不是非常大。

表 4-3-1 主观因素调查统计表

统计项\统计量	对学习主题很感兴趣		教师的要求,为完成"作业"		对他人的问题没有想法		不习惯网络讨论的学习方式		对Sakai平台感觉陌生		其他平台讨论有积极性	
	频率	百分比	频率	百分比	频率	百分比	频率	百分比	频率	百分比	频率	百分比
非常符合	8	21.6	2	5.4	3	8.1	4	10.8	3	8.3	11	29.7
一般符合	26	70.3	11	29.7	13	35.1	23	62.2	20	55.5	17	45.9
不符合	2	5.4	21	56.8	19	51.4	9	24.3	11	30.6	8	21.6
很不符合	1	2.7	3	8.1	2	5.4	1	2.7	2	5.6	1	2.7
合计	37	100	37	100	37	100	37	100	36	100	37	100

[①] 刘军.整体网分析(第二版)[M].上海:格致出版社,上海人民出版社,2014.8.

2. 回复教师帖子的主要原因

在开展讨论学习前,为了引导学生讨论的话题,教师在 Wiki 里针对讨论主题先发了几个帖子,同时,为了避免出现只针对教师进行讨论的情况,教师特意强调了可以自由讨论,不必只回复教师。尽管如此,由上述社会网络分析结果可知,此基于 Sakai 网络平台的主题讨论所形成的混合式学习共同体的凝聚力并不高,学习者在讨论中大都主要回复教师的帖子,而对其他同学的评论鲜有讨论。

为了究其原因,调查考察了两个方面:一是是否因为学习任务是教师的要求,为了完成"作业"而主要针对教师的引导贴回复;二是对其他同学的评论内容没有想法,无言可发。由表 4-3-1 中第 3、4 列调查结果可见,有 35.1% 的学习者是为了完成教师布置的任务,64.9% 的学习者并不是如此;有 43.2% 的学习者对其他同学的评论没有想法,而剩余 56.8% 的同学不是如此。尽管相比较而言,对这两种原因持肯定态度的学生所占比例小于持否定态度,但是持肯定态度的人数也不少,都占 1/3 以上。这可能是因为学习者和被调查者都是大一的新生,他们刚刚由高中升入大学,还没有从高中时期主要在教师主导下进行学习的习惯转变成大学生时期自由自主学习的习惯,对教师的指令有较大依赖性。

进一步地,为了考察大部分学习者主要回复教师帖子的原因,调查了"为了完成教师布置的作业"和"对其他学习者的评论没有想法"两方面的原因,对这两个方面进行交叉分析的数据结果如表 4-3-2 所示。首先,37 位学习者中认为自己"为了完成教师布置的作业"而回复教师帖子的有 13 人(选择"非常符合"和"一般符合"人数合计,占 35.1%),而有 24 人(选择"不符合"和"很不符合"人数合计,占 64.9%)并不是为了完成教师布置的作业。总体来看,大部分学习者并不仅仅是被教师的任务驱动,而是有自己的主动性。其次,37 位学习者中认为自己"对其他学习者的评论没有想法"的有 16 人(选择"非常符合"和"一般符合"人数合计,占 43.2%),有 21 位学习者(选择"不符合"和"很不符合"人数合计,占 56.8%)否认自己"对其他学习者的评论没有想法"。该数据表明超过一半的学习者是有想法的,但没有表达出来,还有近一半学习者没有对其他人的观点进行积极思考。再次,对于两方面均选择"不符合"和"很不符合"的共有 17 人,表明主题讨论的单一指向性既不是因为"对其他人的问题没有想法",也不是"为了完成教师布置的作业",还有未明确的更深入的原因。综合以上可以看出,教师可能应更细致地了解学生,设置更合适的讨论主题,同时采取适当的教学策略以进一步调动学习者的积极性,激发讨论问题的热情,以更好地构建混合式学习共同体。

表 4-3-2　主题讨论时没有回复他人问题的原因

			对他人的问题没有想法				合计
			非常符合	一般符合	不符合	很不符合	
为了完成教师布置的作业	非常符合	计数	1	0	1	0	2
	一般符合	计数	2	6	3	0	11
	不符合	计数	0	6	14	1	21
	很不符合	计数	0	1	1	1	3
合计		计数	3	13	19	2	37

3. 对网络讨论学习方式的习惯程度

表 4-3-1 第 5 列显示,有 10.8% 的学习者非常不习惯网络讨论的学习方式,有 62.2% 的学习者对此学习方式比较不习惯,可见绝大部分学习者对通过网络来进行学习的方式不习惯,这可能妨碍他们进行主题讨论学习。原因大概是高中阶段为了准备高考,一般都是利用纸质媒体在传统课堂学习,很少有时间和机会在网络上学习,从而还不习惯网络学习方式。

4. 对网络学习平台的熟悉程度

由表 4-3-1 第 6 列"对 Sakai 平台是否感觉陌生"的调查数据显示,有 63.8% 的学习者认为对此网络学习平台感觉陌生。学生群体是使用诸如 QQ 群、微信群等社会性软件的主要用户群体,但是对专门的学习平台却是陌生的。表 4-3-1 第 7 列的数据考察了学习者对使用其他平台的积极性,若是平时在其他公共平台,如微信、微博等看到同样的讨论主题,在方便登录和回复的情况下,有 75.6% 的学习者将会去发表自己的一些看法,与别人交流一番。

由此可见,不同的社会性软件其不同的功能特点将导致不同的定位和使用频率。QQ 群、微信群等社会性软件是一般性的社交软件,在这些社会性软件的交流中,气氛是随意的、自由的、方便的,用户不觉得有很正式的学习氛围,这使得它们大受欢迎。而网络学习平台的功用有专门定位,即是进行网络学习的,具有正式的学习氛围,学习者如果只是为了完成任务而发生学习行为,是被动的,不具有内在的学习动机,这降低了学习的积极性和效果。另外,还有可能大一的新生对网络学习平台利用得少,所以对其还比较陌生。

(二)客观因素

研究考察了影响"形成混合式学习共同体"的可能客观因素,包括网络学习任务本身的难易程度和性质、交流软件的功能特点、使用的上网硬件设备的特点、上网的便利性等。调查数据统计结果具体如表4-3-3所示。

表 4-3-3 客观因素调查统计表

统计项\统计量	讨论主题很容易		网络讨论学习氛围严肃		设备屏幕尺寸大小有影响		网速慢有阻碍	
	频率	百分比	频率	百分比	频率	百分比	频率	百分比
非常符合	17	45.9	2	5.4	9	25.7	7	18.9
一般符合	14	37.8	5	13.5	18	51.4	13	35.1
不符合	5	13.5	24	64.9	7	20	15	40.5
很不符合	1	2.7	6	16.2	1	2.9	2	5.4
合计	37	100.0	37	100.0	35	100	37	100.0

1.论题本身的难度、性质

学习任务本身的难易程度会影响学习行为和效果。如难度大,容易打击学习者的积极性;太容易了则没有挑战性,也会导致学生的积极性不高。混合式学习共同体成员的参与积极性越高,越有利于成员间的知识建构。如表4-3-3第2列的数据显示,此次网络讨论的主题对绝大多数学习者(83.7%)而言是容易的,因此不存在学习任务太难导致学习者没有学习积极性的问题。从讨论的情况看,大部分学习者能够按照自己的理解进行内容充实的发言,且有理有据,有不少学习者的发言字数都在300字以上。

2.交流软件的功能特点

对于"是否觉得网络学习平台上讨论学习内容的氛围有些严肃"的问题,如表4-3-3第3列数据所示,64.9%的学习者认为不符合,16.2%的学习者认为很不符合,有18.9%的学习者认为比较严肃。由此可见,大部分学习者并不认为氛围是严肃的,结合表4-3-1中第6、7列数据分析,可知学习者们大都不习惯使用网络学习平台,如果换作他们熟悉的交流软件或网络平台则会很乐意进行讨论学习。所以,交流软件的功能特点是否为他们熟悉以及交流软件是否具有较好的推广是能否促进他们进行网络学习的因素之一。

3. 网络硬件设备

在调查的37人中,有35人(占94.6%)是使用手机上网实现网络主题讨论学习的,其中共有77.1%的学习者认为手机屏幕尺寸太小对网络学习有影响,同时共有54.0%的学习者觉得当上网速度慢时对网络学习有负面影响。由此可见,网络设备设施是否完善也是影响混合式学习共同体的因素之一。

(三)关系因素"中心性"

与上述主、客观属性数据的影响因素不同,"中心性"是考察社会网络中的各个行为人(成员)的可见性的关系变量。通过分析社会网络的"中心性",找出重要的或突出的行为人,评估所有行为人的知名度在一个网络中的分散程度或不平衡程度[1]。"中心性"包括整体网的"中心度(centrality)"和"中心势(centralization)",其中后者测量的是一个图在多大程度上围绕某个或某些特殊点建构起来[2]。我们利用关系变量"中心性"研究其对混合式学习共同体构建的影响。基于Wiki的主题讨论形成的整体网中的"中心性"分析如下。

首先将Wiki主题讨论所形成的关系矩阵进行对称化处理(转为无向),再进行二值化处理,然后进行中心性分析,其度数中心度数据如表4-3-4所示,其描述统计量如表4-3-5所示,又对其进行多值中心度分析如表4-3-6所示。

由表4-3-4的整体网度数中心度数据可以看出,教师T的度数中心度的值为33,远大于其他任何学生,而表4-3-5显示的度数中心度描述统计量中,整体网络的中心势(Network centralization)为85.7%,是一个较高的数值。这表明,在实证研究1基于Wiki的主题讨论所形成的混合式学习共同体中,教师T是网络中的核心成员,整个网络是围绕着教师T而形成的,集中性比

---

[1] 戴维·诺克,杨松.社会网络分析(第二版)[M].上海:格致出版社,上海人民出版社,2012.10.
[2] 刘军.整体网分析(第二版)[M].上海:格致出版社,上海人民出版社,2014.8.

表 4-3-4　实证研究 1 基于 Wiki 的主题讨论整体网的度数中心度

```
FREEMAN'S DEGREE CENTRALITY MEASURES:
--------------------------------------

Diagonal valid?          NO
Model:                   SYMMETRIC
Input dataset:           F:\M_data\S1-S38-SymGT0

                    1          2          3
                 Degree    NrmDegree    Share
               ---------  ----------  --------
    1   T       33.000      86.842     0.402
    9   S8       5.000      13.158     0.061
   22   S21      4.000      10.526     0.049
   28   S27      3.000       7.895     0.037
    7   S6       3.000       7.895     0.037
    8   S7       2.000       5.263     0.024
    2   S1       2.000       5.263     0.024
   25   S24      2.000       5.263     0.024
   17   S16      2.000       5.263     0.024
   18   S17      2.000       5.263     0.024
   11   S10      1.000       2.632     0.012
    4   S3       1.000       2.632     0.012
    5   S4       1.000       2.632     0.012
   12   S11      1.000       2.632     0.012
   15   S14      1.000       2.632     0.012
   16   S15      1.000       2.632     0.012
   13   S12      1.000       2.632     0.012
   14   S13      1.000       2.632     0.012
   10   S9       1.000       2.632     0.012
   20   S19      1.000       2.632     0.012
   21   S20      1.000       2.632     0.012
    3   S2       1.000       2.632     0.012
   23   S22      1.000       2.632     0.012
   24   S23      1.000       2.632     0.012
    6   S5       1.000       2.632     0.012
   26   S25      1.000       2.632     0.012
   27   S26      1.000       2.632     0.012
   19   S18      1.000       2.632     0.012
   38   S37      1.000       2.632     0.012
   34   S33      1.000       2.632     0.012
   31   S30      1.000       2.632     0.012
   32   S31      1.000       2.632     0.012
   33   S32      1.000       2.632     0.012
   37   S36      1.000       2.632     0.012
   30   S29      0.000       0.000     0.000
   36   S35      0.000       0.000     0.000
   35   S34      0.000       0.000     0.000
   29   S28      0.000       0.000     0.000
   39   S38      0.000       0.000     0.000
```

较强,分散程度比较低。表 4-3-6 多值中心度的个体网分析结果显示,无论是度数中心度(Degree)、接近中心度(Closeness centrality)、中间中心度(Betweenness centrality),教师 T 的值都是最高,分别为 86.842、16.667、73.186,其中较高的中间中心度值表示教师 T 在很大程度上位于网络中其他学生 S 点的中间,即联系必须经过教师 T 的程度比较大,这进一步说明了该混合式学习共同体在很大程度上是围绕教师而建构起来的。

表 4-3-5 实证研究 1 基于 Wiki 的主题讨论整体网的度数中心度描述统计量

```
DESCRIPTIVE STATISTICS
                        1          2          3
                   Degree   NrmDegree      Share
                   ------   ---------   --------
    1    Mean       2.103      5.533      0.026
    2    Std Dev    5.113     13.455      0.062
    3    Sum       82.000    215.789      1.000
    4    Variance  26.143    181.048      0.004
    5    SSQ     1192.000   8254.847      0.177
    6    MCSSQ   1019.590   7060.870      0.152
    7    Euc Norm  34.525     90.856      0.421
    8    Minimum    0.000      0.000      0.000
    9    Maximum   33.000     86.842      0.402

Network Centralization = 85.70%
Heterogeneity = 17.73%.   Normalized = 15.56%
```

表 4-3-6 实证研究 1 基于 Wiki 的主题讨论多值中心度数据表

```
Normalized Centrality Measures
                    1          2            3            4
                Degree   Closeness   Betweenness   Eigenvector
                ------   ---------   -----------   -----------
    1   T       86.842      16.667        73.186        95.882
    2   S1       5.263      14.672         0.000        20.649
    3   S2       2.632      14.615         0.000        15.728
    4   S3       2.632      14.615         0.000        15.728
    5   S4       2.632      14.615         0.000        15.728
    6   S5       2.632      14.615         0.000        15.728
    7   S6       7.895      14.729         0.071        25.074
    8   S7       5.263      14.672         0.000        20.153
    9   S8      13.158      14.844         0.427        30.002
   10   S9       2.632      14.615         0.000        15.728
   11   S10      2.632      14.615         0.000        15.728
   12   S11      2.632      14.615         0.000        15.728
   13   S12      2.632      14.615         0.000        15.728
   14   S13      2.632      14.615         0.000        15.728
   15   S14      2.632      14.615         0.000        15.728
   16   S15      2.632      14.615         0.000        15.728
   17   S16      5.263      14.672         0.000        20.649
   18   S17      5.263      14.672         0.000        20.649
   19   S18      2.632      14.615         0.000        15.728
   20   S19      2.632      14.615         0.000        15.728
   21   S20      2.632      14.615         0.000        15.728
   22   S21     10.526      14.786         0.213        26.978
   23   S22      2.632      14.615         0.000        15.728
   24   S23      2.632      14.615         0.000        15.728
   25   S24      5.263      14.672         0.000        19.559
   26   S25      2.632      14.615         0.000        15.728
   27   S26      2.632      14.615         0.000        15.728
   28   S27      7.895      14.729         0.071        23.361
   29   S28      0.000                     0.000         0.000
   30   S29      0.000                     0.000        -0.000
   31   S30      2.632      14.615         0.000        15.728
   32   S31      2.632      14.615         0.000        15.728
   33   S32      2.632      14.615         0.000        15.728
   34   S33      2.632      14.615         0.000        15.728
   35   S34      0.000                     0.000        -0.000
   36   S35      0.000                     0.000         0.000
   37   S36      2.632      14.615         0.000        15.728
   38   S37      2.632      14.615         0.000        15.728
   39   S38      0.000                     0.000        -0.000
```

通过"中心性"分析比较,以及结合问卷调查中"只针对教师回复"的问题分析发现,该混合式学习共同体的中心势比较大,组织者教师 T 的中心度很高并不完全是由教师的"权威"身份造成的。这说明一个群体或网络中,组织者或主导者对构建一个群体将起到很大的作用。但是需要说明的是,形式上构建了一个群体,其内在凝聚力不一定高。

本节通过问卷调查,分析了网络平台 Wiki 讨论中构建混合式学习共同体的主、客观影响因素,其中主观因素是学习者自身方面,包括对学习主题的兴趣、参与学习的自由性(如是自发的,还是被动的)、学习者的信息技术素养、对特定社会性软件(交流软件)的习惯程度等;客观因素包括网络学习任务本身的难易程度和性质、社会性软件(交流软件)的功能特点、使用的上网硬件设备的特点、上网的便利性等。结果表明,上述主客观因素都会影响到学习者参与网络学习的行为和态度,从而影响混合式学习共同体的构建。另外,通过对两个社会网络的中心性分析,以及结合问卷调查的相关问题分析发现,组织者或主导者对形式上构建一个群体起很大的作用,不过该群体内在的凝聚力不一定很高。

第四节 混合式学习共同体构建的策略

基于混合式学习共同体也是一个系统这一概念,本节将以影响这个系统运行的各个因素为主线探讨混合式学习共同体构建的机制。

一、混合式学习共同体系统中的元素及关系

由前文分析可知,影响学习共同体构建的因素包括主观因素、客观因素、关系(社会网络)因素,混合式学习共同体系统在这些元素及其作用关系中进行构建,其关系如图 4-4-1 所示。

混合式学习共同体是由多个学习共同体成员借助各种硬件设备互联,依托各种社会性软件以及相应的多媒体学习资源,进行多种交互、协作,从而达到以构建知识和提高技能为目的的学习型团体。

从整体来看,学习共同体成员包括共同体成员 1、共同体成员 2、共同体成员 3、共同体成员 n,如图 4-4-1 中的"①学习共同体成员 1-n"。

各种上网硬件设备如电脑、手机、PAD 等,相关的社会性软件如网络学习

平台、微群、Wiki、微信、QQ 群等，以及承载社会性软件上的多种媒体学习资源，如图 4-4-1 中"②硬件设备和软件资源"。

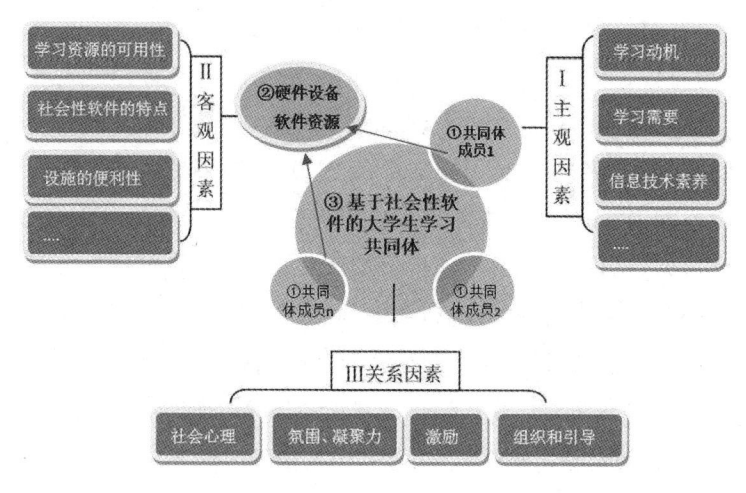

图 4-4-1 混合式学习共同体系统的元素关系

学习共同体成员为了学习和交流的目的通过硬件设备和软件资源构成了一个学习共同体，如图 4-4-1 中"③基于社会性软件的混合式学习共同体"。

与"①学习共同体成员"对应的是学习者本身的因素"Ⅰ主观因素"，包括学习者的学习动机、学习需要和兴趣、信息技术素养等。

与"②硬件设备和软件资源"对应的是"Ⅱ客观因素"，包括学习内容的难易程度和性质、社会性软件自身的特点和功能、硬件设施的可获得性、便利性等。

与"③基于社会性软件的混合式学习共同体"对应的是"Ⅲ关系因素"，包括社会心理因素、共同体的凝聚力、学习的氛围、激励措施、是否有有效的组织和引导等。

这些因素各自影响着其对应的学习共同体的各个组成部分，从而影响整个学习共同体的构建，所以我们认为，可以从各个影响因素着手构建基于社会性软件的混合式学习共同体。

二、混合式学习共同体的构建策略

(一)提高学习成员的学习动机和信息技术素养

学习动机是直接推动学生进行学习的一种内部动力，是激励和指引学生进行学习的一种需要。学习动机也与学生的学习兴趣、学习的需要、个人的价值观、学生的态度、学生的志向水平以及外来的鼓励紧密相连。学生学习动机的主要内容包括对知识价值的认识（知识价值观）、对学习的直接兴趣（学习兴趣）、对自身学习能力的认识（学习能力感）、对学习成绩的归因（成就归因）四个方面[1]。学习共同体是由多个有共同目的的成员构成的，他们是具有能动作用的主体。混合式学习共同体得以构建的基本要素是人的因素，包括良好的学习内在动机、较为浓厚的学习兴趣，且有相应的学习需要等。只有具备这些动力条件，学习共同体才有构建的可能性。因此，提高大学生学习成员正确的知识价值观，培养良好的学习兴趣，提高学习的自我效能感，以及在成功或失败时有正确的归因是非常重要的。

另外，应继续加强对学生的信息技术素质的培养，尤其是初、高中阶段学生的信息技术教育。由上述调查情况来看，大一新生对网络学习的方式还不习惯，对一些学习专用的社会性软件如专门的网络学习平台等感觉陌生，这在一定程度上阻碍了他们在网络上学习的积极性、主动性和效果，从而影响混合式学习共同体的构建。这可能是部分地区的部分初、高中学校信息技术条件有限，或者由于升学压力没有时间在这些课程上多花费精力导致的。所以，中等教育阶段的教育观念应该有所更新，应为学生提供与时俱进的信息技术教育，提供相应的硬软件条件，使"数字原住民"能够获得与其时代相应的信息技术能力和素质。

（二）加强学习资源的交互性，设置难易程度合适的学习任务

首先，加强学习资源的交互性建设。在混合式学习共同体中，使学习过程更有意义、更持久的是学习成员积极地参与、进行高质量的交互，而积极参与和交互来源于协作性或交互性的学习资源，以及学习共同体成员在学习交流中的贡献和支持[2]。学习内容或学习资源的交互性和协作性不但能够提高资源本身的可用性，而且还能够支持共同体成员在学习过程中进行交流和协作。

其次，学习任务的难易程度的设置。根据维果斯基的最近发展区理论，教

---

[1] 莱因贝格.动机心理学[M].王晚蕾,译.上海:上海社会科学院出版社,2012.
[2] E Tang, C Lam. Building an effective online learning community (OLC) in blog-based teaching portfolios[J]. Internet and Higher Education,2014:79-85.

学应着眼于学生的最近发展区,为学生提供带有一定难度的内容,这样可以调动学生的积极性,发挥其潜能,超越其最近发展区而达到下一发展阶段的水平,然后在此基础上进行下一个发展区的发展。所以,混合式学习共同体中学习任务的难易程度要在一个适当的范围,这主要针对由教师主导的网络学习情境而言,因为此时学习的主体是确定的,教师对学生有一定的了解,可以设置适当难易程度的学习任务。而在公共网络上自发形成的混合式学习共同体就无需也无法设置问题的难易程度,因为学习共同体是各个学习成员出于自己的需要自发组成的,只有在学习任务的难易程度或性质适合学习成员时,他们才会加入学习共同体中进行学习,即可以形成一个生态化的自组织混合式学习共同体。

(三)提高社会性软件的可用性

社会性软件给知识的传播提供了友好的支持,与学习的发生、知识的转化相辅相成。各种社会性软件有自己主要的功能定位,如有的主要用于网络社交,有的适用于非正式学习,还有专门用于学习的网络学习平台和软件。支持学习的社会性软件一般兼有上述的各种功能。由于社会性软件将人与软件功能集于一体,知识和信息的采集是可行的和便捷的,例如:通过QQ等可以达到即时联络交流的目的;通过Blog可以很快挖掘、发现领域专家以及专家所关注的研究内容;通过RSS,利用新闻阅读器可以大大提升信息获取和知识更新的速度。

提高社会性软件的可用性可以通过提供各种知识管理的工具来实现,包括参与创作的工具、书签工具、可视化的工具、检索工具、思维导图等。如云笔记、Blog、Wiki,方便记录、易于整理。通过网络能够随时随地记录、思考、交流、协作,可用性高的社会性软件正在变革网络时代知识传播的范式,促进混合式学习共同体的实时构建。

(四)提高硬件设施的便利性

硬件设备设施是混合式学习共同体的基本物质基础,其建设包括手持式、台式终端的性能是否便利、完备,如便携性、屏幕尺寸、存储容量、操作的便利性,网络带宽以及网络覆盖面等。由前期调查研究可知,这些硬件设备的功能对混合式学习共同体的构建影响很大。因此,应继续加强网络基础设施建设,拓展带宽、提高网速,扩大通信管网、无线基站、各级机房等设施的覆盖面,为互联互通提供坚实的物质基础,促进混合式学习共同体中信息资源充分共创共享。目前,我国大部分地区已经较大程度地实现了移动学习,但是距离实现"泛在学习",即"使任何人在任何地方能够获取任何学习信息"还有较大的差距。另外,一些偏远落后地区还没有接通网络,国家的"一带一路"倡议正推进沿线智慧城市建设,加大对国家的信息基础设施建设投资与技术支持,这将为构建便利的混合式学习共同体提供坚实的物质基础。

(五)创设良好的学习共同体氛围

在基于社会性软件的混合式学习共同体中,成员间形成了复杂的社会网络交互关系。良好的学习共同体氛围既影响单个成员的行为,又影响共同体整体的行为,从而构成群体行为的动力。良好的学习共同体氛围来自较强的群体凝聚力,凝聚力使共同体成员保持较强的关系模式,从而促进高质量的交互以及产出良好的知识构建效果。

凝聚力涉及社会心理的因素,如共同体目标、对共同体的认同感和归属感。共同体目标是产生凝聚力的重要因素之一。成员受共同体目标的吸引,在其感召下,内化为自己的目标,在学习共同体里形成良性竞争的局面,成员与共同体整体相互影响、相互促进、共同提高。在这个过程中,成员会产生较强的归属心理,尤其当目标可以充分表现自身价值时,这种吸引作用就更大。另外,在混合式学习共同体中,成员之间可以相互交流、相互帮助,充分体验分享的快乐并增强信心,这将会促进成员对学习共同体的认同感和归属感。这种心理又会促使成员更愿意参与共同体的学习活动,如此良性循环,创设出一个具有浓厚学习氛围的混合式学习共同体。

(六)适当的组织引导和激励措施

由上述两个实证研究的比较可以看出,无论是统一组织的网络主题讨论还是公共网络论坛上的自发讨论,其社会网络的构成特点是"中心性"比较大,即学习共同体依赖于组织者或者引导者而组建。因此,混合式学习共同体的构建,存在组织者或主导者,从这个意义上说,一个学习共同体的构建至少在形式上很大程度上依赖于组织者或主导者及其价值观、知识结构、能力水平等。

但是从前文混合式学习共同体量化界定中的凝聚力涵义可以看出,"中心性"或"中心势"较大的社会网络并不是一个凝聚力强的网络,因为它较大程度依赖某个(些)个体,一旦这些"中心人物"离开,共同体将有解散的风险。因此,有必要探讨学习共同体的制度、规范建设,以及采用适当的激励措施来保证混合式学习共同体的可持续性。学习共同体的制度、规范是指约束共同体成员思想和行为的责任、义务和行为规范等,它有利于激发和维持成员间的团结与协作。激励措施是具有挑战性与竞争性的规则,如有的网络使用了虚拟身份、虚拟币等,分享和交流行为将会得到奖励,这种激励措施能够调动成员的积极性,驱动成员主动交流、快乐分享,由此促进成员和共同体目标的达成。不过,激励措施只是促使学习共同体构建的外在动力,根本动力还在于前文所述的学习者内在的学习动机、较高的学习兴趣和合适的学习需要等心理层面的因素,以及学习共同体的良好学习氛围创设等。

本章小结

本章首先分析混合式学习共同体概念的涵义,然后以混合式学习共同体中的"网络学习共同体"为重点,用社会网络分析法,借助 UCINET 软件进行数据分析,从网络学习共同体的知识意义和社会关系双重建构,和"共同体凝聚力"来考察其基本特征及量性描述问题,以深入了解学习共同体中的人际交互深度和规律。然后利用问卷调查法及社会网络分析法,分析混合式学习共同体形成的主观因素、客观因素、关系因素;最后提出了混合式学习共同体构建的策略。

第五章 高校实践性课程混合式教学评价

第一节 教学评价的概念

一、教学评价的含义

评价是基于对事物的质和量的描述而对事物进行价值判断。相应地,教育评价指在一定教育价值观的指导下,依据确立的教育目标,通过使用一定的技术和方法,对所实施的各种教育活动、教育过程和教育结果进行科学判定的过程[①]。教学评价是对教学工作质量所作的测量、分析和评定,它以参与教学活动的教师、学生、教学目标、内容、方法、教学设备、场地和时间等因素的有机组合的过程和结果为评价对象,是对教学活动的整体功能所作的评价[②]。教学评价具有诊断、导向、激励和调节教学的功能。正如王道俊等所说,"如果说教学活动是一个信息传递系统,教学评价则是这个系统的反馈机制,它能了解教学系统运行的情况,有效地调节和改善这个系统的整体功能,完成一定的教学任务"[③]。由此可见,教学评价在教学中具有非常重要的作用。

教育评价和教学评价具有一定的联系和区别。从"教学"与"教育"的概念

[①] 全国十二所重点师范大学联合编写.教育学基础(第3版)[M].北京:教育科学出版社,2014:316.
[②] 王道俊,郭文安.教育学(第6版)[M].北京:人民教育出版社,2009:266.
[③] 王道俊,郭文安.教育学(第6版)[M].北京:人民教育出版社,2009:268.

来看,它们是部分与整体的关系,教育包括教学,教学是学校进行全面教育的一个基本途径[1],因此可以说,教育评价包括教学评价。教育评价是对教育全面工作的评价,它是判断教育方针贯彻落实的实际情况,以及培养学生德智体美劳全面发展的情况。教育评价按照评价对象的不同,可分为学生评价、教师评价、课程评价、学校评价、教学过程评价、教学资源评价等多个方面[2]。教学评价的着力点在于教学过程,侧重于教师的教学情况和学生的学习情况,常常通过评定学生的学业成绩来开展教学评价。本研究就是通过评定学生的学习成绩而进行具体课程的教学评价。

教学评价经历了古代的具有主观色彩的教育考评制度,到近代的客观性测验,再到现代的以培养"全面发展的人"为目标、注重学生各方面能力发展的评价。目前,教学评价又呈现一些新的时代特点,如在评价理念上,"素养为重"[3],发展多元化评价[4];利用技术,促进评价手段的发展,如基于大数据的教学评价研究[5]、人工智能赋能课堂教学评价方法[6]及其关键技术[7]等;在新的教学模式下的教学评价,如混合学习模式下的教学评价研究[8]。本研究以实践性课程《多媒体课件设计与制作》为例,探讨混合式教学评价的特点、方式和原则。

---

[1] 全国十二所重点师范大学联合编写.教育学基础(第3版)[M].北京:教育科学出版社,2014:200.

[2] 何克抗,李文光.教育技术学(第2版)[M].北京:北京师范大学出版社,2009:324.

[3] 朱丽.从"选拔为先"到"素养为重":中国教学评价改革40年[J].全球教育展望,2018(8):37-47.

[4] 韩曦,潘宏伟,等.教育信息化背景下以学生为中心多元化教学评价的研究与实践[J].中国新通信,2020(11):172-173.

[5] 李葆萍,周颖.基于大数据的教学评价研究[J].现代教育技术,2016(5):5-12.

[6] 吴立宝,曹雅楠,曹一鸣.人工智能赋能课堂教学评价改革与技术实现的框架构建[J].中国电化教育,2021(05):94-101.

[7] 胡钦太,伍文燕,等.人工智能时代高等教育教学评价的关键技术与实践[J].开放教育研究,2021(9):15-23.

[8] 李逢庆,韩晓玲.混合式教学质量评价体系的构建与实践[J].中国电化教育,2017(11):108-113.

二、教学评价的类型

对于教学评价,常见的分类有以下几种。

第一,根据评价在教学过程中的作用不同,可分为诊断性评价、形成性评价、总结性评价。诊断性评价是在教学前期阶段,对学生已有的知识、能力、情感等状况作出实际的评价,如对学生的情况进行调查、观察和记录,实施摸底测验等,目的是了解学生情况,为教学计划的实施、教学活动的开展提供有益的信息,从而能够因材施教。

形成性评价是在教学过程中对学生学习的情况进行的评价,形成性评价的方式有多种,如口头提问、课堂作业、单元测试等。目前,在技术的加持下,学生在课堂中的更多的状态能够被识别和了解。如学者胡钦太、文燕等利用卷积神经网络的目标检测算法提取图像数据,获得学生的图像特征,并根据专注度权重获得专注度特征,最后通过全连接层进行图像特征表示,应用机器学习分类方法判定目标对象的面部位置,分析学生的出勤率和抬头率,从而计算出学生的专注度[1];学者吴立宝、曹雅楠、曹一鸣通过采集师生声音、面部和姿态信息,开展课堂语言分析、课堂行为分析与课堂情感分析,获取学生注意力、掌握程度、互动情况、情感状态等学习情况,分析教师的课堂教学行为,进而实现课堂教学的智能评价[2]。

形成性评价为教师的教学提供过程性的反馈,以便能够及时地、有针对性地调整教学过程,给学生及时的帮助或干预。

总结性评价是在一个较大的学习阶段,如一门课程结束,或一个学期、一个学段结束时,对教学和学习进行较为规范的、制度化的考察;对学生一个阶段的学习情况做较为全面的评定和考察,如期中考试、期末考试、升学考试等,对评测工具的科学性要求较高。

第二,根据评价所运用的方法和标准,可分为相对评价、绝对评价、个体内差异评价。相对评价根据所要评价对象的整体状态确定评价标准,把各个评价对象与标准进行比较,是判定评价对象在这一整体中所处位置的评价方法。

---

[1] 胡钦太,伍文燕,等.人工智能时代高等教育教学评价的关键技术与实践[J].开放教育研究,2021(9):15-23.

[2] 吴立宝,曹雅楠,曹一鸣.人工智能赋能课堂教学评价改革与技术实现的框架构建[J].中国电化教育,2021(05):94-101.

这一方法能够准确地表示被评价者在某一整体中的相对位置,但是不能反映其真实水平是否达到了特定的学业标准。绝对评价是依据是否达到教学目标来测量学生的学业成绩,考虑的是评价对象应该达到的水平。这一方法能够使评价对象了解自己的知识、能力、情感等的发展状况,而不是评定其与其他学生之间的差异。个体内差异评价是以评价对象自身某一时期的发展水平为标准,判断其发展状况。这种评价使评价对象对自己是否进步有所了解,减少了与其他人对比的心理压力,但是缺少客观标准,不能给评价对象明确的目标。

第三,根据评价的主体不同,可分为他人评价和自我评价。他人评价包括教师评价、同伴评价。教师评价是任课教师通过测验、测试、考察等方式,对参与该课程学习的学生的学习情况或学业成绩进行评定,这是教学中常见的评价方式,能够充分发挥教师的主导作用;同伴评价指参与课程学习的其他学生对某评价对象的评价,往往是在教师的指导下,使每一个学生了解评价原则和方法,开展同伴互评,如学生作业、作品的互相评价,目的是使学生能够更深入理解该任务的评价方式,能够客观地评价他人,敢于发表自己的看法,促进学生对某个问题进行深入思考。学生自我评价是指在教师的引导下,学生对自己的作业、作品、试卷等进行评价。这种评价方式能够促进学生自我意识的发展,能够细心查验自己的学习成果,分析正误,不断反思和改进自己的学习。

第四,根据评价方法的不同,分为定量评价和定性评价。定量评价是运用数学语言记录师生教与学的成果,它具有准确、客观、标准的特征。但由于过于标准化,忽视了课堂教学中无法量化的关键品质和行为,学生学习的积极性与态度得不到认可,从而降低了整体评价的有效性,而且许多教学质量指标难以量化。定性评价是用文字语言记录教师课堂教学的整个进程,如通过访谈、观察、课堂记录、成长档案袋等多种方法,来洞察学习者的学习轨迹,借以判断哪些是有意义的或有价值的经验[①]。在技术的参与下,定性评价具有更多的方式,如利用"电子成长记录袋",学生可以把自己的习作、评语、照片、读后感、小报、思想火花、辩论词、竞聘稿等内容保存进去。它既包括了对课程学习状

---

① 朱丽.从"选拔为先"到"素养为重":中国教学评价改革 40 年[J].全球教育展望,2018(8):37-47.

况的测验,也包括了对具体问题处理的评价;既包括对学生的认知水平的评价,也包括对在认知过程中体现的情意态度的评价[①]。评价结果可以直观地反馈给师生,便于评价主体与客体的双向交流,体现出人本主义和持续发展性评价的理念,是定量评价的补充与完善。但是定性评价由于过于依赖评价主体的个人观点和经验,会导致评价结果欠缺公允和客观性。传统教学评价中采用的是定性的方法,多通过教师主观方式对学生进行评价。

由上可知,教学评价中各种评价都有其优劣,在实际的教学中,要根据教学内容、教学目标、教学对象、评价的条件与环境以及评价者自身的特点,选择适当的评价方法,以获得全面、准确的信息,从而对学生的学习进行更加客观的综合评价。

本研究采用形成性评价和总结性评价结合、教师评价和同伴互评结合、线上评价和线下评价结合、定性评价和定量评价结合的方式,对实践性课程《多媒体课件设计与制作》的混合式教学进行评价。

第二节　实践性课程混合式教学评价

随着教育信息化的迅速发展,以在线学习与传统教室教学相结合的混合教学模式得到广泛应用,打破了学生学习的时间和空间的局限。但面对线上教学的新形式,传统教学中以课堂表现、期末试卷进行的教学评价已经与新的教学模式不相适应,在此情况下,混合式教学评价的研究和实践探索就显得非常必要。本节从混合式教学评价的特点、原则、方式三个方面对其进行理论研究,最后通过混合式教学评价实际案例进行实践研究。

一、混合式教学评价的原则

混合式教学评价原则是进行混合式教学实践必须遵循的基本要求。它根据混合式教学的特点,以及实践性课程的特点,关注学生的主体性和发展性,研究混合式教学评价原则,为实践性课程混合式教学工作中的教学评价提供

[①]田征,李晴,等.运用现代教育技术促进教学评价多元化的实践研究:以新疆教育学院实验小学为例[J].新疆教育学院学报,2011(10):82-89.

帮助和建议。混合式教学的评价原则主要有客观性原则、发展性原则、整体性原则、科学性原则、及时性原则。

（一）客观性原则

混合式教学评价的目的在于给教师的教以及学生的学以客观的价值判断，如果缺乏客观性就失去了评价的意义，可能会导致混合式教学的决策错误，甚至影响实际教学效果[1]。进行实践性课程的混合式教学评价时，从测量的标准和方法到评价者应该持有的态度，特别是最终的评价结果，都应该符合混合式教学活动的客观实际，不能主观臆断或掺杂个人情感。想要达到混合式教学评价的客观性要求，必须以科学可靠的检验技术和方法为工具，借助网络数据或者随堂记录等真实可靠的数据资料，以混合式教学中真实存在的案例为依据，实事求是、公正严谨地进行评价。

贯彻客观性原则，首先要做到混合式教学评价的标准客观，不带有随意性；其次，要做到评价方法客观，不带有偶然性；最后，要做到评价态度客观，不带有偏向性和主观性。简言之，混合式教学评价要做到实施过程的客观以及主体态度的公正，这样才能如实地反映出特定实践性课程的混合式教学教师的教学质量和学生的学业水平，并作为指导改进教学工作的依据。

（二）发展性原则

混合式教学是促进线上、线下教学的重要手段。如前所述，混合式教学的评价应该包括形成性评价和总结性评价，形成性评价要分为线下教学和线上学习两部分，通过任务完成情况、浏览数据统计等形式实现学习效果评价与教学方法更新[2]。尤其对于实践性课程而言，强调学生通过实际参与、动手实践发展创新能力等综合素质，需要着眼于学生的学习进步和动态发展，着眼于教师的混合式教学的行为改进和能力提高，以调动师生的教与学的双向积极性。

发展性教学评价要求在跟踪学习动态进程、提升教学行为能力的同时，还要做到尊重学生的人格、激励学生的发展。教育评价过程中，教育工作者不仅

---

[1] 李逢庆,韩晓玲.混合式教学质量评价体系的构建与实践[J].中国电化教育,2017(11):108-113.
[2] 郭建东.混合式教学评价指标体系的构建与应用研究[J].成人教育,2020,40(12):19-25.

要关注学生知识的内化、技能的提升,还要充分了解学生的态度和情感的变化。根据混合式教学的特点以及实践性课程的特点,注重对学生个性的挖掘和培养,创设和谐的师生关系和教学环境,采取多种激励评价的手段,真正为智力和非智力的双重发展提供强有力的保障。教师可以根据不同学生的特点提供针对性的教学环节,比如布置个性化的实践性作业、设置讨论主题、为学生制定自测方案、答疑等,以此来引导和帮助学生。

(三)整体性原则

正如前述"教学评价内容的全面性"的混合式教学评价特点,混合式教学评价应树立全面观点,从混合教学活动的整体出发,进行多方面的检查和评定,防止以偏概全、以局部替代整体。因此,应当从以下几个方面贯彻整体性原则:

一是混合式教学的评价标准要全面,尽可能包括教学目标和任务的各项内容。混合式教学评价的指标体系应该包含线上和线下教学或学习的整个过程,并且每个指标都要设置权重或分值[1]。

二是把握主次,区分轻重。整体性不等于繁杂化,应该抓住主要矛盾,从决定教学质量的主导因素及环节上进行评价。实践性课程的混合式教学评价中,教师在有限的时间和精力范围内要将复杂指标体系中所有的指标都计算清楚是非常困难的。因此,要考虑在兼顾全面性的前提下规范并精简指标体系,分清主次,提高其在教学评价实施中的可操作性。

三是要把等级评价、结果评价、质性评价结合起来,以求全面、准确地接近客观实际。学生的学习不仅包含对知识的学习,良好学习习惯的养成及能力的培养等隐形的因素也应该是学习效果评价的重要组成部分[2]。因此,应该实现量性评价和质性评价相结合的完整评价体系。

(四)科学性原则

科学性原则是指混合式教学评价的目标、标准、程序、手段、结果的产生都应该遵循严格的、科学的步骤和方法进行。开展混合式教学评价时,要从教与学相统一的角度出发,以混合式教学目标体系为依据,确定合理的、统一的评

---

[1] 朱萍.线上与线下教学有效衔接的原则与策略[J].辽宁教育,2020(18):10-13.
[2] 丁朝蓬.新课程评价的理念与方法[M].北京:人民教育出版社,2003.

价标准,认真编制、预测、修订测量评价工具。在此基础上,使用先进的线上、线下测量手段和精准的统计方法,依据科学的程序,对获得的各种数据进行严格的处理,而不是根据经验和直觉进行主观判断。

此外,在满足科学性的同时还要兼顾适切性。尊重学生的实际需要,挖掘并探索符合教学实践的评价方法才是最为关键的。也就是说,科学的教学评价应该包含教师在教学过程中对所教学生知识掌握情况的把握与根据学生的身心发展规律对课堂的有效控制[1]。目前,教学评价量化计算模型的研究还不够成熟,有些方法难以应用到教学实践中去。因此在未来的研究中,需要结合师生的需求以及教学情况的变化进一步加强对评价方法的研究,同时也要增加对评价方法适用性和可行性的检验。

(五)及时性原则

混合式教学评价需要与教学过程的实现紧密结合,及时开展教学评价。混合式教学评价需要及时、经常性地开展,不能过于随意。要充分利用在线学习测量工具收集评价信息和反馈性数据,不间断地进行教学评价[2]。比如:每节课开始与结束阶段,教师及时进行前置知识的诊断性评价和教学效果的形成性评价,确保教学评价的功能得到实现。

从学生方面,教师实时、准确、合理的评价能把学生已经形成的学习上的内在需要充分调动起来,使之始终保持一种乐观向上的、积极的学习状态。及时评价可以增强学生的自尊心、自信心和学习的积极性,促使学生互相学习、互相帮助,体验集体荣誉感和成就感,发展合作精神,建立融洽、民主的师生交流的重要渠道。

从教师方面,通过混合式教学的及时评价,使教师获得教学反馈,对自己的教学过程进行调整。教师在及时评价学生学习的过程中,通过学生的回答及教师反问等不同方式的反馈,可以不断地调整、完善自己的教学设计以及自己对学生的即时评价语,不断地积累教学经验以此提升自己的教学水平。

混合式教学评价原则是建立混合式教学评价体系、指导混合式教学实践

---

[1] 丁朝蓬.新课程评价的理念与方法[M].北京:人民教育出版社,2003.
[2] 杨浩.高职院校混合式教学质量评价指标体系构建与应用实践[J].中国职业技术教育,2019(11):69-75.

的内在要求和基本遵循。客观性原则强调混合式教学评价要依据课程和教学实际来构建评价体系;发展性旨在促进学生学习能力和教师教学水平的双向提升;整体性将总体规划与重点突破相结合;科学性要求评价过程严谨、求实,资料来源要真实、可靠;及时性重在教学信息的实时反馈。这些教学评价原则贯穿于混合式教学评价的始终,相互独立又彼此联系,共同构成混合式教学评价工作的准则。

二、混合式教学评价的特点

(一)线上线下教学评价相结合

混合式教学打破了传统课堂只在固定的教育场所进行学习的界限,采用线上线下相结合的方式进行教学,并采用线上学习和课堂学习相结合的方式进行教学评价。线上学习平台会对学生学习的进度进行实时监控,形成诸如网络视频学习的进度、章节测试、期中考试、线上讨论情况、线上期末考试等相应数据,与线下课堂上学生的学习情况,诸如考勤、讨论发言、线下作业作品、线下测试等相结合,共同构成学生该门课程的成绩。

多数研究者都强调采用线上线下相结合的方式对学生进行教学评价,并结合新技术的应用,开展了混合式教学评价的研究。学者胡钦太等从两部分获得的数据进行分析:一是学生线上学习全过程的数据,包括图片、文字、网页点击、观看视频流等;二是通过智能感知技术获取的线下(智慧课室)多模态学习行为数据,包括图像数据、声音数据及眼动数据等。多模态数据用于感知学生的课堂表现,如出勤情况、学习情感状态、抬头率、讨论交流次数等[1]。学者王胜构建了课前线上学习占比30%、课中线下学习占比50%、课后线上学习占比20%的课程评价指标,将线上线下学习相结合[2]。可见,根据混合式教学的线上线下结合的教学特点,混合式教学评价的首要特点就是将线上评价和线下教学评价结合。

(二)形成性评价和总结性评价相结合

长期以来,我国传统教学评价往往更注重学生的学习结果和教师的教学

---

[1] 胡钦太,伍文燕,等.人工智能时代高等教育教学评价的关键技术与实践[J].开放教育研究,2021(9):15-23.
[2] 王胜.线上线下混合式教学质量评价体系构建与应用[J].辽宁高职学报,2021(6):65-71.

效果,对教学过程的评价涉及甚少,这种重视结果导向的教学评价并不利于学生的全面发展。在混合式教学越来越普遍的今天,教学评价已经由传统教学评价向混合式教学评价转变。混合式教学中评价方式不能只局限于终结性评价,如课程考试,还要全程跟进学生学习过程并关注学生自身的成长。这一学习过程包含课前、课中以及课后等学习环节,针对每个环节都应设置相对应的评价机制,最终形成过程性评价。

在混合式教学中,借助技术手段的教学评价可以贯穿教学活动的始终,利用在线教育平台的相应功能可以随时测试学生对所学知识的掌握程度,教师和学生都可以从随堂的测验中得到关于教学效果的即时反馈。对教师而言,可以根据反馈结果更精准地调整后续的教学内容和措施;对学生而言,及时的正向反馈有利于学生更加专注于课堂教学内容的学习,提升学习效果。在混合式教学评价体系的研究上,研究者主张将混合式教学评价体系的模型确定为过程性评价和终结性评价两个部分[1],将混合式教学活动过程的效果纳入评价指标,建构多元化、多层次、多维度的评价模式,提高评价的科学性、合理性和全面性[2],使形成性评价(过程性评价)与总结性评价相结合,全面评估混合式教学中学生的学习质量和教师的教学效果。

(三)教学评价内容的全面性

混合式教学评价不仅关注学生知识、技能的获得情况,同时也关注学生态度、情感等全面发展情况及学生的综合素质。综合素质包括道德品质、公民素养、学习能力、交流与合作、运动与健康、审美等。素养本质上是一种知识、能力、态度、品格等的融合,是一种复杂的学习结果,要想全面了解与诊断学生的素养,仅靠单一的评价方式难以达成,必须对过度关注认知领域的现有评价进行完善和拓展[3]。因此,应关注学生是否改进了学习习惯、学习态度,学生对

---

[1] 李逢庆,韩晓玲.混合式教学质量评价体系的构建与实践[J].中国电化教育,2017(11):108-113.

[2] 闻娟,刘晓燕,等.智能互联背景下教师课堂教学评价分析[J].上海教育评估研究,2021(12):37-40.

[3] 朱丽.从"选拔为先"到"素养为重":中国教学评价改革40年[J].全球教育展望,2018(8):37-47.

教学方法、态度和风格的反馈①,以及学生对知识的主动建构和交流互动情况,学生个性与能力的全面发展情况②。学者胡钦太等构建高等教育教学综合评价指标体系时,依据评价指标的知识水平、学习情绪、课堂参与、综合评价等维度将评价指标分为学习成绩指标、学习情感指标、学习注意力指标、学习参与度指标、综合素质指标等③。所以,在混合式教学评价中,对学生评价的内容应更加客观而全面,除了强调学生的知识技能的发展,还关注学生的综合素质和能力的评价。

(四)教学评价主体的多元化

传统教学模式下,基本上是以教师评价的方式来进行教学评价的,而混合式教学强调混合式教学评价主体的多元化,尤其强调学生参与评价,因此学生互评、学生自评被日益重视。学生自评即在教学中教师引导学生对自我学习过程和学习效果进行评价,它是学生自我监控、自主发展的一个重要环节。应关注在线上线下混合环境中开展学生互评,以期在这个过程中激发其思考的深入度,调动其学习的积极性,培养学生的参与意识、合作能力、批判思维等品质。

如前所述,混合式教学评价强调发展性评价。在发展性教学评价中,教师和学生不仅是被评价者,也是评价者;学生也被视作是教学评价的主体。他们不仅有权对教师教学进行评价,也有权对自己和同学进行评价,如档案袋评价方式和课堂教学中学生互评的方式④。谢娟等构建的翻转课堂的教学评价体系中,主要的评价方式有学生评价(自评和小组评价)、教师评价(自评和同行评价)、教师评价和学生评价相结合三种方式⑤。将学生自评、同伴互评和教师评价等评价主体多元化结合的双向或者多向评价,有助于从多个方面、多个视角对学生的发展进行更加全面、科学、客观的评价。学生作为评价的主体,

---

①孙庚,冯艳红,等.实时双向教学评价体系研究[J].软件工程,2019(4):47-49.

②闻娟,刘晓燕,等.智能互联背景下教师课堂教学评价分析[J].上海教育评估研究,2021(12):37-40.

③胡钦太,伍文燕,等.人工智能时代高等教育教学评价的关键技术与实践[J].开放教育研究,2021(9):15-23.

④朱丽.从"选拔为先"到"素养为重":中国教学评价改革40年[J].全球教育展望,2018(8):37-47.

⑤谢娟,张婷,等.基于CIPP的翻转课堂教学评价体系构建[J].现代远程教育研究2017(9):95-103.

从知识、过程和技能教学目标上来看,能够促进其在评价他人以及自评时进行深入思考,合理运用评价标准,并进一步提升自身知识技能的掌握;从情感态度目标来看,学生在评价他人(如其他同学的作业、作品)时,能够坚持客观公正的态度,发现其他同学的作品的不足之处,并虚心学习他人的优点,扬长避短,提高自己;面对其他同学对自己作品的负面评语,能够平和对待,积极反思和讨论,形成良好的同伴学习氛围。从素质目标来看,评价能力是一种高级思维能力,同伴互评能够提升批判思维。认真负责地评价其他同学的作品,能够提升学生自身的合作意识和责任意识。

(五)教学评价标准设置的灵活性

在混合式教学评价中,要根据学科和课程特点建立教学评价标准。每门课程都有其内在的学科逻辑和特点,有其相应的课程目标及教学目标,结合混合式教学线上线下教学的特点,不同的内容知识的教学形式、教学手段也不同,因此要结合具体的学科和课程特点设置灵活的教学评价标准。教师应根据实践性课程的教学目标,在线上挑选质量较高的资源并科学、合理地安排教学过程,在教学过程中针对知识点的教学目标制定量化评价指标。此外,还要在实践性课程中,针对安排的实践任务进行合理跟进,建立非量化评价指标,对学生每个阶段的学习都进行及时评价。

针对实践性课程,应在全面把握实践性课程的"实践性""参与性""创造性"等特点的基础上,构建实践性课程的教学评价标准,以达到实践能力与创新能力同步提升的教学目标。如在实践性课程《多媒体课件设计与制作》中,强调学生实际操作能力、创新思维的培养,利用设计和制作作品的任务来驱动学生学习。教学评价也应围绕多媒体课件作品的教学性、技术性、艺术性、创新性四个大的维度来开展定性和定量的评价。

综上可知,混合式教学评价具有其新的特点,一定程度上弥补了传统教学评价重结果、轻过程的缺点。但是这并不意味着传统教学评价都是不合理的,传统教学评价中强调的选拔和混合式教学评价中提倡的素质教育是可以兼顾的,应将传统教学评价和混合式教学评价的优点进行结合。同时也应当看到,虽然混合式教学评价在对学生进行个性化、差异化、精确化教学评价方面具有潜力,但也应建立数据采集、使用和公开的相关规范,以保护学生、教师的隐私和安全等。

三、实践性课程混合式教学评价的方法

评价方法回答的是"怎样评"的问题,它是评价由理念走向现实的桥梁,评价方法直接制约着教学评价的成效,是评价中极为关键的组成要素[①]。评价方法主要有课堂观察法、访谈法、作品分析法、书面考试和上机测试。

(一)课堂观察法

课堂观察法是指研究者带着明确目的,凭借自身的感官和辅助工具,直接从课堂情境中收集资料的一种教育研究方法。这种评价方法属于形成性评价,在实践性课程混合式教学的线下课堂应用较多。在线下的课堂中,教师通过巡视学生的操作,观察学生完成任务的进展,发现学生实践中存在的问题,及时指导和纠正学生的问题。在课堂观察中,教师还可以快速发现某些任务完成较好的学生,将其实践操作成果作为正面范例,让该学生向全班其他同学讲解该任务的操作方式、技巧应用、心得体会等。这种方法能够提升该学生的自信心、讲演能力以及协作分享能力等,其他学生也能从中获得实践操作的技巧,激励自己并反思自己的实践操作情况。

(二)访谈法

访谈法也是一种常用的评价方法。在实践性课程的混合式教学中,访谈法可以根据需要采取线上或线下的方式进行,这种方法便于教师随时地、细致地了解学生的学习过程以及存在的问题。在课前可通过访谈了解学生对实践课程内容难度的看法,对混合式教学的态度。在课中,课堂提问是一种师生对话,也是一种形式的访谈,可通过提问了解学生在实践性课程学习中对理论和实践知识掌握情况、存在的困惑。在课后可通过谈话、谈心等方式了解学生在课程学习后的感受及对课程进度、教学方式等方面有什么建议,为下一步教学改进提供依据。

(三)作品分析法

作品分析法是对调查对象的各种作品,如笔记、作业、日记、文章等进行分析研究、了解情况、发现问题、把握特点和规律的方法。在实践性课程的教学评价中,根据课程安排,教师有计划地安排学生进行实践,实践的成果可以是

[①] 卢立涛,梁威,沈茜.我国课堂教学评价现状反思与改进路径[J].中国教育学刊,2012(06):43-47.

作业、作品、实践报告等,要求实践后学生提交成果给线下教师,或者提交至网络平台。教师采用作品分析法对学生的作业、作品等进行分析,了解学生对知识、技能的掌握和应用情况,也可以组织学生在网络平台上对同学的作业、作品进行互相讨论、评析,促进学生深入思考并提升自身实践水平。

(四)书面考试和上机测试

书面考试和上机测试常用于终结性评价,可较为客观、高效测量学生的知识与技能的掌握情况。这种评价方法一般是统一组织和实施的,是目前对学生学习评价的常见的、主要的方式。在实践性课程的混合式教学评价中,书面考试一般是对课程的理论知识进行考查,上机测试则是对实践操作技能的考查。教师可根据情况,决定是否采用书面考试和上机测试的方法进行课程教学评价,并确定线上成绩和线下成绩的比例,形成性评价和终结性评价的比例。

另外,在实践性课程的混合式教学评价中,评价方法应由单一的量化评价走向量化、质性评价相结合,采取合适的方法和手段,正确、科学地使用量化和质性评价,从而充分发挥两者的"合力"。通过这样的教学评价,真正促进学生的发展。实践性课程的混合式教学评价应根据课程的实际情况,将上述各种评价方法有机结合,打造线上线下评价结合、形成性评价和总结性评价结合、教师评价和学生评价结合、量化评价和质性评价结合的综合立体化评价方式。

第三节 实践性课程混合式教学评价的过程

本节以实践性课程《多媒体课件设计与制作》的混合式教学评价为例,介绍实践性课程的混合式评价过程。

一、评价方式设计

实践性课程《多媒体课件设计与制作》的教学内容及教学目标,如第二章第二节的"混合式教学系统分析"所述。根据教学内容和教学目标,本实践性课程的学生成绩评定方式采取线上学习成绩和线下作业成绩结合、形成性评价和总结性评价结合、学生评价和教师评价结合、质性评价和量化评价结合的方式评定,体现出实践性课程学生成绩评价的混合性。评价方式如表5-3-1所示。

第五章 高校实践性课程混合式教学评价

表 5-3-1 实践性课程《多媒体课件设计与制作》评价方式

课程成绩构成	细则及说明		评价类型
线上学习总成绩(30%)	线上平时成绩(40%)	线上视频学习进度(35分)	形成性评价
		线上学习行为(5分)	形成性评价
	线上章节测试成绩(10%)		形成性评价
	线上考试成绩(50%,平台随机组卷)		线上总结性评价
线下平时作业成绩(20%)	学生互评得分(40%)	依据《多媒体课件设计评分标准》或《多媒体课件作品评分标准》评价	形成性评价
	教师批阅得分60%)		形成性评价
期末作品成绩(50%)	依据《多媒体课件评分标准》评价		课程总结性评价

(一)线上和线下成绩结合

如本书第一章第一节对混合式教学的概念、本质和内涵的探讨,"线上线下教学方式的混合"是混合式教学的首要特征。因此,在实践性课程的混合式评价中,首要的评价框架就是线上学习评价和线下学习评价结合。如表 5-3-1 所示,线上学习成绩占课程成绩的 30%,线下学习成绩占 70%(线下平时作业成绩占 20% ＋期末作品成绩占 50%)。

1. 线上成绩

线上成绩由平时成绩、线上章节测试成绩、线上考试成绩组成,所占比例分别是 40%、10%、50%。其中线上平时成绩还分为线上教学视频的学习(35分)和线上学习行为(5分)。线上教学视频的学习分根据后台记录的视频学习进度计分。线上学习行为是规范学生观看教学视频的行为,避免学生一次性将教学视频看完,形成"刷课"行为,要求学生"规律学习",有效观看课程的教程视频时长达到 25 分钟以上,建议每天可以学习 30 分钟左右,通过后台的数据记录进行监测,并利用"学习习惯分"来引导学生规律学习。此外,线上学习行为还包括网络平台中讨论区的互动情况,根据后台记录给予评分。一个学期结束后,从网络平台上可以导出学生线上成绩表。实践性课程《多媒体课件设计与制作》线上成绩的构成,如表 5-3-2 所示。

表 5-3-2 实践性课程《多媒体课件设计与制作》线上成绩的构成

成绩编号	课程名称	成绩核算方式	班级名称	学生学号	平时成绩（满分40）	章测试成绩（满分10）	期末成绩（满分50）	原始总成绩	最终核定总成绩
SC-83145607	多媒体课件	平台核算成绩	付丹003	201724	35(学习进度分35+学习习惯分0+互动分0)	10	47	92	92
SC-83145608	多媒体课件	平台核算成绩	付丹003	201813	38(学习进度分35+学习习惯分0+互动分3)	10	48	96	96
SC-83145609	多媒体课件	平台核算成绩	付丹003	201915	39(学习进度分35+学习习惯分0+互动分4)	10	50	99	99
SC-83145610	多媒体课件	平台核算成绩	付丹003	201902	35(学习进度分35+学习习惯分0+互动分0)	10	49	94	94
SC-83145611	多媒体课件	平台核算成绩	付丹003	201910	36(学习进度分35+学习习惯分0+互动分1)	6	35	77	77
SC-83145612	多媒体课件	平台核算成绩	付丹003	201912	37(学习进度分35+学习习惯分0+互动分2)	10	50	95	95
SC-83145613	多媒体课件	平台核算成绩	付丹003	201910	37(学习进度分35+学习习惯分0+互动分2)	10	46	93	93
SC-83145614	多媒体课件	平台核算成绩	付丹003	201915	35(学习进度分35+学习习惯分0+互动分0)	10	50	95	95
SC-83145615	多媒体课件	平台核算成绩	付丹003	201910	40(学习进度分35+学习习惯分0+互动分5)	10	49	99	99
SC-83145616	多媒体课件	平台核算成绩	付丹003	201915	35(学习进度分35+学习习惯分0+互动分0)	10	50	95	95
SC-83145617	多媒体课件	平台核算成绩	付丹003	201915	35(学习进度分35+学习习惯分0+互动分0)	10	49	94	94
SC-83145618	多媒体课件	平台核算成绩	付丹003	201905	36(学习进度分35+学习习惯分0+互动分1)	8	48	92	92
SC-83145619	多媒体课件	平台核算成绩	付丹003	201912	37(学习进度分35+学习习惯分0+互动分2)	10	49	95	95
SC-83145621	多媒体课件	平台核算成绩	付丹003	201910	37(学习进度分35+学习习惯分0+互动分2)	10	50	96	96
SC-83145622	多媒体课件	平台核算成绩	付丹003	201912	35(学习进度分35+学习习惯分0+互动分0)	9	43	87	87
SC-83145623	多媒体课件	平台核算成绩	付丹003	201919	36(学习进度分35+学习习惯分0+互动分1)	10	48	94	94
SC-83145624	多媒体课件	平台核算成绩	付丹003	201919	36(学习进度分35+学习习惯分0+互动分1)	10	28	74	74
SC-83145625	多媒体课件	平台核算成绩	付丹003	201910	37(学习进度分35+学习习惯分0+互动分2)	10	50	97	97
SC-83145626	多媒体课件	平台核算成绩	付丹003	201911	35(学习进度分35+学习习惯分0+互动分0)	7	49	91	91
SC-83145627	多媒体课件	平台核算成绩	付丹003	201912	36(学习进度分35+学习习惯分0+互动分1)	10	47	93	93
SC-83145628	多媒体课件	平台核算成绩	付丹003	201912	36(学习进度分35+学习习惯分0+互动分1)	10	49	95	95
SC-83145629	多媒体课件	平台核算成绩	付丹003	201902	36(学习进度分35+学习习惯分0+互动分1)	10	48	94	94
SC-83145630	多媒体课件	平台核算成绩	付丹003	201917	39(学习进度分35+学习习惯分0+互动分4)	10	50	99	99
SC-83145631	多媒体课件	平台核算成绩	付丹003	201912	36(学习进度分35+学习习惯分0+互动分1)	10	48	94	94
SC-83145632	多媒体课件	平台核算成绩	付丹003	201905	36(学习进度分35+学习习惯分0+互动分1)	9	46	90	90
SC-83145633	多媒体课件	平台核算成绩	付丹003	201920	35(学习进度分35+学习习惯分0+互动分0)	10	50	96	96
SC-83145634	多媒体课件	平台核算成绩	付丹003	201912	35(学习进度分35+学习习惯分0+互动分0)	6	25	66	66
SC-83145635	多媒体课件	平台核算成绩	付丹003	201902	35(学习进度分35+学习习惯分0+互动分0)	10	47	92	92
SC-83145636	多媒体课件	平台核算成绩	付丹003	201916	37(学习进度分35+学习习惯分0+互动分2)	10	49	96	96
SC-83145637	多媒体课件	平台核算成绩	付丹003	201916	32(学习进度分32+学习习惯分0+互动分0)	5	48	85	85
SC-83145637	多媒体课件	平台核算成绩	付丹003	201919	35(学习进度分35+学习习惯分0+互动分0)	7	49	91	91

2. 线下成绩

"线下平时作业成绩"是学生进行网络"同伴互评"作业的成绩和教师批阅平时作业成绩按 4∶6 的比例计算得出,占总成绩的 20%。线下的期末作品成绩占课程总成绩的 50%,由线下教师评阅。线下平时成绩计算,如表 5-3-3 所示。

表 5-3-3 实践性课程《多媒体课件设计与制作》线下平时成绩构成

序号	学号	姓名	教学性(40)	技术性(25)	艺术性(20)	创新性(15)	合计	同学互评得分	总分（教师评价60%+同学互评40%）
1			36	18	13	13	80	80.3	80
2			36	18	18	14	86	85.3	86
3			35	18	17	13	83	79.0	81
4			36	18	16	13	83	83.0	83
5			37	19	13	13	82	79.5	81
6			39	23	16	14	92	90.0	91
7			35	16	13	13	77	77.0	77
8			37	22	17	14	90	91.5	91
9			35	19	13	13	80	79.3	80
10			38	25	19	15	97	96.0	97

(二)形成性评价和总结性评价结合

实践性课程《多媒体课件设计与制作》的教学评价采用了形成性评价和总结性评价结合的方式,线上教学和线下教学都分别实施了这两类评价,形成性评价贯穿于课程教学的全过程之中。

由表5-3-1可见,线上的形成性评价包括线上视频学习进度、线上学习行为、线上章节测试成绩,分别占线上成绩的35%、5%、10%,线上总结性评价为网络平台依据试题库随机组卷,在规定的时间段进行线上考试,成绩占线上成绩的50%。

线下的形成性评价为教师布置的实践任务,针对该任务成果(该课程为多媒体课件设计或多媒体课件作品),由教师组织学生互评,且教师也要批阅。学生互评得分占线下平时作业成绩的40%,教师批阅得分占线下平时作业成绩的60%,评分标准为事先设计好的《多媒体课件设计评分标准》或《多媒体课件作品评分标准》。在实施学生互评前,教师要为学生讲解该评分标准。线下的总结性评价是对期末多媒体课件作品的评价,由教师依据《多媒体课件评分标准》进行,占课程成绩的50%。

(三)教师评价和学生评价结合

教师评价和学生评价主要体现在线下平时作业的评价中,如表5-3-1、表5-3-3所示。教师和学生依据相同的评分标准——《多媒体课件设计评分标准》《多媒体课件评分标准》对全班学生的平时作业进行评价。学生互评利用课程中心4.0平台开展。教师首先要求学生将作业上传至平台,然后在平台上为每个作业设置了4个同学进行匿名评价,对于这4个评价分数,系统计算出平均分得出该作业的互评得分,占该作业成绩的40%。教生评阅分数占该作业成绩的比例是6:4,如此设置比例的目的是,在教学改革探索中,由重视教师评价的主导性、学生评价的参与性,逐步过渡到强调学生评价的主体性。

(四)质性评价和量化评价结合

质性评价和量化评价的结合也体现在线下平时作业的评价中。质性评价和量化评价是教师和学生依据《多媒体课件作品评分标准》中的四个维度——教学性、技术性、艺术性、创新性,分别写出自己的评语并打分。

教师的质性评价和量化评价,如图5-3-1所示。图中左侧文本框为教师对该学生作品的量化评价,即按照《多媒体课件作品评分标准》进行打分;中间文本框显示教师按照四个维度做的评语,并按维度分别打分;右侧文本框显示批阅该班学生作业人数情况。

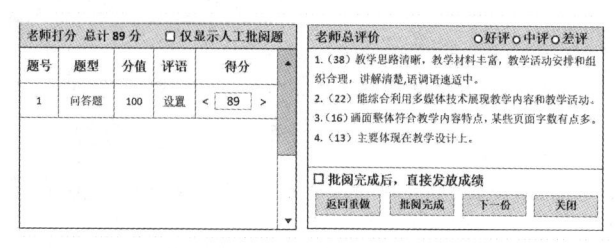

图 5-3-1 教师对学生作业的质性评价和量化评价

学生对其他同学的作品进行质性评价和量化评价如图 5-3-2(每位学生的作业被随机分发给其他 3 位学生进行评价,该图只显示了 2 次评价的情况)。

被评价:3 次|平均分:90.33333333333

次数	评价学生	客观题	主观题(互评)	总分	总评语	评语
1		0	82	82	好评	1.课件教学设计:36分 使用合理的教学方法,教学活动设计富有启发性,能够调动学生的学习积极性。2.课件结构设计:19 分课件结构清晰,操作方便灵活;课件的结构设计与教学内容的内在逻辑能够合理结合。3.课件界面设计:20分 画面设计美观、整洁,色彩和谐。界面及界面中的元素富有艺术设计感且与教学内容及教学对象特点符合。4.课件创新:7分 色彩搭配较美观,内容充实。
2		0	94	94	好评	1.课件教学设计:38分 教学主题明确,教学内容正确,体系完整详略得当。使用合理的教学方法,教学活动设计富有启发性,能够调动学生的学习积极性。2.课件结构设计:24分 课件结构清晰,操作灵活方便,结构设计与教学内容及教学对象特点符合。3.课件界面设计:24分 画面设计精美,色彩和谐,符合教学对象特性。4.课件创新:8分。

图 5-3-2 其他学生对某学生作业的质性评价和量化评价(部分)

图中的"总评语"和"评语"栏为学生按照《多媒体课件作品评分标准》,发表自己对该作品的看法,为质性评价;在教师的要求下,在"总分"栏对该作品按照《多媒体课件作品评分标准》进行量化打分,在"评语"栏,从四个维度分别打分。

二、评价标准制定

(一)线上评价标准

实践性课程《多媒体课件设计与制作》混合式教学的线上资源为"智慧树"网络平台上的《多媒体课件设计与制作》。如前所述,其成绩由平时成绩、线上章节测试成绩、线上考试成绩组成,其中线上平时成绩分为线上教学视频的学习分和线上学习行为分,线上考核标准(评价标准)由该平台制定,如图 5-3-3 所示。

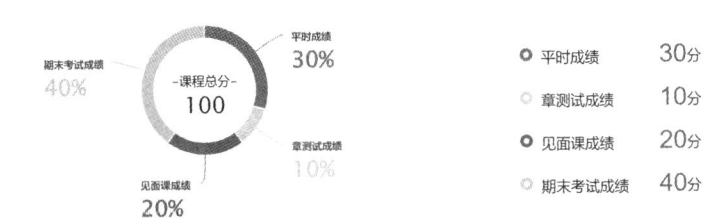

图 5-3-3 "智慧树"网络平台《多媒体课件设计与制作》课程考核标准(评价标准)

(二)线下评价标准

根据实践性课程《多媒体课件设计与制作》的教学内容和教学目标,线下的理论学习活动包括教师的讲解、学生听课,教师在机房操作示范、学生实践。线下的评价包括了课堂观察、访谈(讨论、提问等)、作品分析等。由于实践性课程的实践性特征,本节对课程的实践性环节的评价标准做重点介绍,且对评价标准中的评分标准进行重点介绍。课程的实践活动主要包括多媒体课件的设计和多媒体课件的制作两大部分,分别对其进行评分标准的设计。

1. 多媒体课件设计评分标准

多媒体课件设计是多媒体课件制作的前提,主要包括三个方面:课件的教学设计、课件的结构设计、课件的界面设计。课件的教学设计是最为重要的,应该体现出该多媒体计算机作品在教学上主题明确、内容正确、内容的组织合理,重点、难点突出,符合学习者特征,教学方法合理等,该维度占总分的40%。课件的结构设计上,应体现软件的结构清晰、操作方便灵活,与教学内容的内在逻辑能够合理结合。课件的界面设计应有一定的艺术性,视觉上,画面设计美观、整洁,色彩和谐,角色形象富有艺术想象力,与教学内容及教学对象特点符合;听觉上,音乐及音效与主题风格一致,具有艺术表现力。为了强调学生创造性思维的培养,在设计中体现创新性、创造性,在评分标准中加入了"创新性"维度,在课件的教学设计、结构设计、界面设计上力争新颖独到。多媒体课件设计评分标准如表5-3-4所示。

表5-3-4 多媒体课件设计评分标准

指标	占比	评价要素	评分参考	得分
课件教学设计	40%	教学主题明确,教学内容正确、体系完整。教学内容组织清晰合理。教学重点的教学设计详细合理。使用合理的教学方法,教学活动设计富有启发性,能够调动学生的学习积极性。教学设计符合教学对象的特征。多媒体化的表现形式符合教学任务及学生特征。	35—40分	
		较好达到上述要求。	25—34分	
		基本达到上述要求。	20—24分	
		未达到上述要求。	19分及以下	
课件结构设计	25%	课件结构清晰、操作方便灵活;课件的结构设计与教学内容的内在逻辑能够合理结合。	20—25分	
		较好达到上述要求。	15—19分	
		基本达到上述要求。	10—14分	
		未达到上述要求。	9分以下	
课件界面设计	25%	画面设计美观、整洁,色彩和谐。界面及界面中的元素富有艺术设计感且与教学内容及教学对象特点符合。音效与主题风格一致,具有艺术表现力。	20—25分	
		基本达到上述要求。	10—19分	
		未达到上述要求。	9分以下	

续表

指标	占比	评价要素	评分参考	得分
创新性	10%	课件的教学设计独特有效;课件结构及界面设计独到新颖。	8—10 分	
		基本达到上述要求。	5—7 分	
		未达到上述要求。	4 分以下	
得分合计				

2.多媒体课件作品评分标准

多媒体课件作品是在前期的多媒体课件设计的基础上制作的,其评分标准基本上按照多媒体课件设计的评分标准制定,维度为教学性(40%)、技术性(25%)、艺术性(20%)、创新性(15%)。与多媒体课件设计的评分标准相比,提升了创新性的比重,是为了考察在实际的作品中,创新性地实现教学设计、界面设计、结构设计的情况,如表 5-3-5 所示。

表 5-3-5　多媒体课件作品评分标准

指标	占比	评价要素	评分参考	得分
教学性	40%	教学主题明确,教学内容正确,体系完整。多媒体化教学资料丰富,教学组织清晰,重点内容教学过程详细合理。	35—40 分	
		教学主题明确,教学内容正确,体系较为完整。多媒体化教学资料较丰富,教学组织较为清晰合理。	25—34 分	
		教学主题较为明确,教学内容正确。教学资源基本符合内容需要,教学组织基本合理。	20—24 分	
		教学内容正确,教学主题不太明确,教学组织不太合理。	19 分及以下	

续表

指标	占比	评价要素	评分参考	得分
技术性	25%	界面友好,操作方便、灵活。能制作丰富的、合适的多媒体形式表达教学内容。课件结构合理,将教学内容组织起来。	20—25分	
		界面较为友好,操作比较方便。表达教学内容的多媒体较为合适,但不太丰富。课件结构较为合理。	15—19分	
		界面操作较为方便。表达教学内容的多媒体基本合适。课件结构不太清晰。	10—14分	
		链接及多媒体的控制有少量错误。界面操作不太方便。表达教学内容的媒体形式较为单一。课件结构混乱。	9分及以下	
艺术性	20%	画面美观、整洁,色彩和谐。角色形象富有艺术想象力且与教学内容及教学对象特点符合。音效与主题风格一致,具有艺术表现力。	16—20分	
		画面基本上美观、整洁。音效与主题风格基本一致。	10—15分	
		视、听效果不和谐,风格不统一。	9分及以下	
创新性	15%	课件的教学过程独特有效;课件结构及界面独到新颖。	10—15分	
		课件的教学过程有一定的创新且有效;课件结构及界面有部分创新。	5—9分	
		课件的教学过程无创新点;课件结构及界面无创新点。	4分及以下	
得分合计				

三、评价数据的获取

(一)形成性评价数据

线上形成性评价的数据包括线上教学视频的学习进度分、线上学习行为分、章节测试分,在网络平台的相应入口可以查看、导出数据,如表5-3-2。

线下形成性评价是由教师线下组织开展的,可以采用课堂观察法、讨论法、提问法、作品评价法。针对不同的方法,教师采用的形式也不同,如课堂观察法和讨论法中,教师可以直接利用观察或讨论的情况,把握学生对知识技能的掌握情况,随时调整教学;如作品评价法,教师可以采用对平时作品的评价,包括质性评价和量化评价,及时将评价信息反馈给学生,并且作为自己调整教学的依据。还可以利用"课程中心4.0"平台开展针对平时作品的教师评价和学生互评,平台可以记录这些过程性评价的数据,如图5-3-1、图5-3-2所示的师生质性评价和量化评价,教师再进行汇总,形成如表5-3-3所示的形成性评价的量化数据表格。

(二)总结性评价数据

线上总结性评价是网络平台在学期末统一开展的网络考试,系统根据试题库随机组卷。考试时间往往是一天,学生可以从这一天的任何时候进入系统进行在线考试,考完即可查看成绩。教师端可以导出成绩,如表5-3-2所示。

线下总结性评价是线下教师根据《多媒体课件作品评分标准》,按照四个维度对学生提交的期末作品的评价,该评价的分数占课程总分数的50%。

五、课程成绩评定

根据前述评价方式设计的成绩构成,利用制定的评价标准进行质性评价和量化评价,获取线上线下的形成性评价和总结性评价数据,在实践性课程《多媒体课件设计与制作》混合式教学结束后,对学生的课程学习作出综合成绩的评定。表5-3-6为公选课《多媒体课件设计与制作》混合式教学后对学生成绩综合评定的情况。

表5-3-6 《多媒体课件设计与制作》公选课混合式教学后学生成绩综合评定

学院	班级名称	学生姓名	学生学号	平台核算成绩					线下学校成绩		混合式课程线上线下最终综合成绩(平台成绩30%+线下平时作业20%+线下期末作品50%)
				学习进度评分(满分50)	意测试成绩(满分10)	期末成绩(满分40)	原始总成绩	最终核定总成绩	平时作业成绩(满分100)	期末作品成绩(满分100)	
数学与计算	9901135-0	▓▓	20181345▓▓	50	10	40	100	100	95	90	94
中▓▓▓▓▓	9901135-0	▓▓	2019084152	50	10	39	99	99	60	83	83
文▓▓▓▓▓	9901135-0	▓▓	20190942▓▓	50	10	38	98	98	97	90	94
商▓▓▓▓▓	9901135-0	▓▓	20191244▓▓	18	0	0	18	18	0	0	5
商▓▓▓▓▓	9901135-0	▓▓	20191244▓▓	50	10	39	99	99	95	93	95
数学与计算	9901135-0	▓▓	20191445▓▓	50	10	39	99	99	95	80	89
管理学院	9901135-0	▓▓	20191▓▓▓▓	50	10	40	100	100	90	80	88
商▓▓▓▓▓	9901135-0	▓▓	20192▓▓▓▓	50	10	39	99	99	95	93	96
商▓▓▓▓▓	9901135-0	▓▓	20192▓▓▓▓	50	10	39	99	99	95	82	90
商▓▓▓▓▓	9901135-0	▓▓	20202014▓▓	50	10	37	97	97	97	90	94

本章小结

本章在总结教学评价的含义、类型的基础上,分析了实践性课程混合式教学评价的原则、特点和一般方法。以实践性课程《多媒体课件设计和制作》为例,介绍了实践性课程混合式教学评价的过程,包括评价方式设计、评价标准制定、评价数据的获取、课程成绩综合评定几个部分。

参考文献

[1] 王道俊,等.教育学[M].北京:人民教育出版社,2009.

[2] 何克抗,等.教育技术学[M].北京:北京师范大学出版社,2009.

[3] 韩锡斌,马婧,程建钢.高校混合教学推动策略下师生群体行为关系分析[J].电化教育研究,2017(12).

[4] 刘娟.法学本科实践性课程体系的构建[D].北京:首都师范大学,2007.

[5] 雷婷桦.体育师范生教学能力培养实践性课程开设现状研究[D].武汉:华中师范大学,2016.

[6] 陈丽.远程学习的教学交互模型和教学交互层次塔[J].中国远程教育,2004(05).

[7] 王如平.创造性思维的开发与培养[M].北京:光明日报出版社,2012.

[8] 蒋霜霜.创客教育理念下初中生创新思维能力培养的教学设计研究[D].济南:山东师范大学,2019.

[9] Trujillo Maza,et al. Blended learning supported by digital technology and competency-based medical education:a case study of the social medicine course at the Universidad de los Andes,Colombia[J]. International Journal of Educational Technology in Higher Education,2016(13).

[10] Kintu,et al. Blended learning effectiveness:the relationship between student characteristics,design features and outcomes[J]. International Journal of Educational Technology in Higher Education,2017(14).

[11] Nakayama,et al. The possibility of predicting learning performance using features of note taking activities and instructions in a blended

learning environment[J]. International Journal of Educational Technology in Higher Education,2017 (14).

[12] 王建明,陈仕品.基于线上课程和工作室制度的混合式教学实践研究[J].中国电化教育,2018(3).

[13] 王小根,范水娣.混合式学习环境下学习资源生成模式设计研究[J].电化教育研究,2018(1).

[14] 刘艳,陈仕品,刘礼想.混合学习的绩效评价框架及指标体系研究[J].远程教育杂志,2017(6).

[15] 于洪涛.高等学校混合式教学改革效果评价案例研究:以内蒙古民族大学为例[J].中国电化教育,2017(11).

[16] 王怀波,李冀红,杨现民.高校混合式教学中深浅层学习者行为差异研究[J].电化教育研究,2017(12).

[17] Boelens R, et al. Four key challenges to the design of blended learning: a systematic literature review[J]. Educational Research Review,2017 (22).

[18] [美]乔纳森·伯格曼,亚伦·萨姆斯.翻转课堂与混合式教学:"互联网+"时代教育变革的最佳解决方案[M].韩成财,译.北京:中国青年出版社,2018.

[19] [美]莉兹·阿尼.混合式教学:技术工具辅助教学实操手册[M].孙明玉,等译.北京:中国青年出版社,2017.

[20] [加]兰迪·加里森,诺曼 D. 沃恩.高校教学中的混合式学习:框架、原则和指导[M].丁妍,高亚萍,译.上海:复旦大学出版社,2019.

[21] 全国十二所重点师范大学联合编写.教育学基础(第 3 版)[M].北京:教育科学出版社,2014.

[22] 王元彬.混合式学习的设计与应用研究[D].济南:山东师范大学,2006.

[23] 冯晓英,王瑞雪,吴怡君.国内外混合式教学研究现状述评:基于混合式教学的分析框架[J].远程教育杂志,2018,36(03).

[24] 李逢庆.混合式教学的理论基础与教学设计[J].现代教育技术,2016,26(09).

[25] 任平,孙文云.现代教育学概论[M].广州:暨南大学出版社,2013.

[26] 章永生.教育心理学[M].石家庄:河北教育出版社,1998.

[27] 刘儒德.学习心理学[M].北京:高等教育出版社,2010.

[28] 章志光.社会心理学[M].北京:人民教育出版社,2008.

[29] 毕华林.学习能力的实质及其结构建构[J].教育研究,2000(7).

[30] 莫雷.教育心理学[M].北京:教育科学出版社,2007(1).

[31] 王吉庆.信息素养论[M].上海:上海教育出版社,1999.

[32] 李艺,钟柏昌.信息素养详解[J].课程教材教法,2003(10).

[33] 姚纯贞,米建荣,王红成.国内外"学习行为"研究综述[J].教学与管理,2009(30).

[34] 《辞海》编辑委员会.辞海[M].上海:上海辞书出版社,1999.

[35] 中国大百科全书编辑部.中国大百科全书(教育卷)[M].北京:中国大百科全书出版社,1991.

[36] 吴式颖,李明德.外国教育史教程[M].北京:人民教育出版社,2015.

[37] 陈琦,刘儒德.当代教育心理学[M].北京:北京师范大学出版社,2007.

[38] 张振新,吴庆麟.情境学习理论研究综述[J].心理科学,2005(8).

[39] 赵敏.科学教育专业实践性课程体系框架的构建研究[D].上海:上海师范大学,2019.

[40] 吴桂翎.嵌入型:教师教育实践性课程实施路径探析[J].教师教育研究,2018(5).

[41] 陶德清.学习态度的理论与研究[M].广州:广东人民出版社,2001.

[42] 吴遐,高记,刘兵.以评促学:基于三元交互决定论的同伴互评研究[J].中国远程教育,2020,41(04).

[43] 李华,刘勐媛.混合式教学中作文同伴互评的应用研究[J].电化教育研究,2020,41(06).

[44] Jones, Hoppitt, James, Prendergast, Rutherford, Yeoman, Young. Exploring Students' Initial Reactions to the Feedback They Receive on Coursework[J]. Bioscience Education,2012,20(1):4-21.

[45] Michael G,Moore. Editorial:three types of interaction[J]. American Journal of Distance Education,1989,3(2).

[46] Ellen D,Wagner. In support of a functional definition of interaction

[J]. American Journal of Distance Education,1994,8(2).

[47] 王志军.远程教育中"教学交互"本质及相关概念再辨析[J].电化教育研究,2016,37(04).

[48] 丁兴富编著.远程教育学[M].北京:北京师范大学出版社,2009.

[49] 黄杰."共同体",还是"社区"?:对"Gemeinschaft"语词历程的文本解读[J].学海,2019(05).

[50] [德]斐迪南·滕尼斯.共同体和社会:纯粹社会学的基本概念[M].林荣远,译.北京:商务印书馆,1999.

[51] 赵健.学习共同体[D].上海:华东师范大学,2005.

[52] 谢泉峰.基于网络学习空间的混合式学习共同体构建研究[D].长沙:湖南师范大学,2018.

[53] 刘子恒.非正式学习共同体知识共享机制研究[D].武汉:华中师范大学,2012.

[54] 谢泉峰.基于网络学习空间的混合式学习共同体构建研究[D].长沙:湖南师范大学,2018.

[55] 陶侃.网络学习中虚拟团队的形成与交互机制解析[J].现代远距离教育,2009(4).

[56] Chia H P, Pritchard A. Using a virtual learning community (VLC) to facilitate a cross-national science research collaboration between secondary school students[J]. Computers & Education, 2014 (79).

[57] Czerkawski B C, Lyman E W. An Instructional Design Framework for Fostering Student Engagement in Online Learning Environments[J]. TechTrends, 2016 (6).

[58] 高文.学习科学的关键词[M].上海:华东师范大学出版社,2009:88.

[59] 郭永志.基于学习共同体理论的网络学习模式研究[J].中国电化教育,2011(08).

[60] Laffey J, Tsai I C, Amelung C, Hong R Y, Galyen K, Goggins S. The role of social information for social ability: sense of community and satisfaction in online learning[A]. AERA. Annual Conference of American Educational Research[C]. San Diego, CA: AERA, 2009.

[61] 潘洪建."学习共同体"相关概念辨析[J].教育科学研究,2013(08).

[62] 戴维·诺克,杨松.社会网络分析(第二版)[M].李兰,译.上海:格致出版社,上海人民出版社,2012.

[63] 刘军.整体网分析(第二版)[M].上海:格致出版社,上海人民出版社,2014.

[64] 莱因贝格.动机心理学[M].王晚蕾,译.上海:上海社会科学院出版社,2012.

[65] 朱丽.从"选拔为先"到"素养为重":中国教学评价改革40年[J].全球教育展望,2018(8).

[66] 胡钦太,伍文燕,等.人工智能时代高等教育教学评价的关键技术与实践[J].开放教育研究,2021(9).

[67] 李逢庆,韩晓玲.混合式教学质量评价体系的构建与实践[J].中国电化教育,2017(11).

[68] 丁朝蓬.新课程评价的理念与方法[M].北京:人民教育出版社,2003.

附　录

附录1　"多媒体课件设计与制作"混合式教学下学生情况调查问卷

亲爱的同学：

　　您好！

　　混合式教学是将线上教学与线下课堂教学结合的教学模式。为了更好地开展混合式教学，特进行本次问卷调查。

　　本次调查采用匿名形式，调查结果仅供研究使用，您的答卷不会对您个人有任何影响。请您认真阅读每道题目，根据自己的实际情况作答，谢谢您的配合！

第一部分

1. 您的性别是？

　　A. 男　　　　　B. 女

2. 您的民族是_____

3. 您所在的年级是？

　　A. 大一　　B. 大二　　C. 大三　　D. 大四

4. 您的专业类别是？

　　A. 哲学、历史学、文学　　　　B. 法学、经济学、管理学、教育学

　　C. 艺术学　　　　　　　　　　D. 理学、工学

　　E. 农学、医学　　　　　　　　F. 军事学

第二部分

请仔细阅读以下内容,选出最符合您的选项

A1. 在参与混合式学习之前,您对混合式学习过程的了解情况是:

A. 从未听过。

B. 听过,但不知道具体的学习过程。

C. 大概知道混合式课程的学习过程。

D. 熟悉混合式课程的学习过程。

A2. 您了解混合式学习过程的途径是:(可多选)

A. 学校或学院的相关通知。

B. 参与混合式课程学习时任课教师告知。

C. 同学告知。

D. 其他。

A3. 您选择混合式学习的原因,其重要程度从大到小的排序是:(多选)

A. 对混合式的学习方式好奇,想体验。

B. 混合式教学下的课程内容学习对我有帮助。

C. 混合式学习有一半的学时在线上进行,比较自由。

D. 网上课程资源丰富,有吸引力。

E. 课程由不同学院、不同学校的学生选课,可以跨院、跨校在线交流。

F. 都是素养课(通识课),要求不高,获得学分比较容易。

G. 其他。

A4. 根据自己对混合式学习的体验,请用 1—5 分表示对以下表述的看法(1—非常赞同;2—赞同;3—不确定;4—不赞同;5—非常不赞同)。

A4-1 线上课程学习时遇到不懂的问题,不能像传统课堂上一样能及时地问老师或同学。　　　　　　　　　　　　　　　　　　(　　)

A4-2 线上师生之间、学生之间的学习互动流于形式,不能就学习问题进行实质性的交流。　　　　　　　　　　　　　　　　　(　　)

A4-3 线上学习时学生容易不自律,学习效果不好。　　　　(　　)

A4-4 线上视频学习和线下教师的教学结合十分紧密。　　　(　　)

A4-5 虽然是非专业课,我对课程的认真程度很高。　　　　(　　)

A4-6 线下任课教师的教学要求与专业课一样严格。　　　　(　　)

第三部分

请用 1—5 分表示您对以下说法的符合程度的看法(1—完全符合;2—部分符合;3—不确定;4—部分不符合;5—完全不符合)。

B1. 我思考问题时结构严谨、逻辑清晰。（   ）

B2. 我有明确的人生理想、奋斗目标和价值追求。（   ）

B3. 我求知欲强,对学习很感兴趣,探究知识当时或之后,时常感觉很快乐。（   ）

B4. 我清楚知道学习对我未来的职业规划和发展方向影响很大。（   ）

B5. 学习成绩优异可以获得别人对我的认可。（   ）

C1. 在混合式课程的学习中,无论线上还是线下,我能够认真听讲并做笔记。（   ）

C2. 在学习或讨论时我会尽量找出要点,加深记忆。（   ）

C3. 我会将课程内容制作成思维导图或知识框架的形式。（   ）

C4. 我会尽量借助可利用的设备和资源辅助自己的学习。（   ）

C5. 即使我不喜欢某一门课,我也会努力取得好分数。（   ）

D1. 我经常会有新颖独特的想法产生。（   ）

D2. 我喜欢听变化多端、意料之外、富有想象力的故事。（   ）

D3. 完成一项任务时,我喜欢查阅各种不同的资料,以获得对该问题多方面的了解。（   ）

D4. 对于一项任务,我总是尝试用独特的、有创意的方式完成。（   ）

D5. 当新颖的想法产生时,我会尝试用它解决问题或者设计作品。（   ）

D6. 我主动参加学校或者其他组织开展的创新性实践课程或比赛项目。（   ）

D7. 我的作品或任务的独特性总被别人认可。（   ）

E1. 在学习中,我经常用"百度""谷歌"等搜索引擎检索所需资料。（   ）

E2. 我能熟练利用QQ、微信等通信工具与他人交流。

E3. 对于"钉钉""腾讯会议""腾讯课堂"等软件,我用一次后就能熟练使用其签到、观看直播、互动问答、交作业等功能。（   ）

E4. 在混合式课程学习中,使用"智慧树"平台、"知到"App、"学堂在线"等在线教育平台进行学习,我用一次后就能熟练这些平台的操作。　　(　　)

F1. 上"多媒体课件设计与制作"混合式课程之前,我已经熟练掌握图像处理技术。　　(　　)

F2. 上"多媒体课件设计与制作"混合式课程之前,我已经熟练掌握声音处理技术。　　(　　)

F3. 上"多媒体课件设计与制作"混合式课程之前,我已经熟练掌握动画设计与制作技术。　　(　　)

F4. 上"多媒体课件设计与制作"混合式课程之前,我已经熟练掌握视频处理技术。　　(　　)

F5. 上"多媒体课件设计与制作"混合式课程之前,我已经熟练掌握 PowerPoint 软件的使用。　　(　　)

附录2　Sakai网站平台主题讨论参与者情况调查问卷

亲爱的同学：

　　您好！感谢您参加此次问卷调查。调查的目的是进一步了解Sakai网站平台上进行的"Wiki主题讨论"参与者的情况，调查结果仅为研究所用，所有答案无对错之分，请您按照自己的实际情况填写，谢谢您的合作！祝学习进步，生活愉快！

　　1.我对本次讨论的主题本身很感兴趣。
　　　A.非常符合　　B.一般符合　　C.不符合　　D.很不符合
　　2.我觉得本次讨论的主题很容易，有很多想法可以写。
　　　A.非常符合　　B.一般符合　　C.不符合　　D.很不符合
　　3.我发表的看法主要针对教师的提问，因为这是教师的要求，为了完成"作业"，所以当时并不想对其他同学的回复进行跟帖讨论。
　　　A.非常符合　　B.一般符合　　C.不符合　　D.很不符合
　　4.我发表的看法主要针对教师的提问，没有（或极少）对其他同学的回复进行跟帖讨论，是对他人回复的内容没有想法。
　　　A.非常符合　　B.一般符合　　C.不符合　　D.很不符合
　　5.若是平时在其他公共平台，如微信、微博等看到同样的讨论主题，在很方便登录和回复的情况下，我会去发表自己的一些看法，与别人交流一番。
　　　A.非常符合　　B.一般符合　　C.不符合　　D.很不符合
　　6.我对此次讨论的Sakai网站平台在操作时感觉很陌生，不得心应手。
　　　A.非常符合　　B.一般符合　　C.不符合　　D.很不符合
　　7.（用手机登录的同学填写）当时用手机登录网站平台，感觉屏幕尺寸太小会降低使用的方便性。
　　　A.非常符合　　B.一般符合　　C.不符合　　D.很不符合
　　8.登录网站时网速慢，或者我的设备还不能上网，导致我使用该网站有一定的阻碍。

  A. 非常符合　　　B. 一般符合　　　C. 不符合　　　D. 很不符合

9. 对于这种网络讨论学习内容的方式,我还不习惯。

  A. 非常符合　　　B. 一般符合　　　C. 不符合　　　D. 很不符合

10. 我觉得这种在网络学习平台上讨论学习内容的氛围有些严肃。

  A. 非常符合　　　B. 一般符合　　　C. 不符合　　　D. 很不符合